Geschichte der deutschen Literatur 1

Herausgeber:
Joachim Bark · Dietrich Steinbach †
Hildegard Wittenberg

Aufklärung

Sturm und Drang

Von Theo Herold
und Hildegard Wittenberg

Ernst Klett Schulbuchverlag Leipzig
Leipzig · Stuttgart · Düsseldorf

Geschichte der deutschen Literatur
NEUAUSGABE
Herausgeber: Joachim Bark
Dietrich Steinbach †

Aufklärung / Sturm und Drang
Verfasst von: Theo Herold und Hildegard Wittenberg

9 783123 474217

1. Auflage A 1 5 4 3 2 1 | 2006 2005 2004 2003 2002

Dieses Werk folgt der reformierten Rechtschreibung und Zeichensetzung. Ausnahmen bilden Texte, bei denen künstlerische, philologische oder lizenzrechtliche Gründe einer Änderung entgegenstehen.

Alle Drucke dieser Auflage können im Unterricht nebeneinander benutzt werden, sie sind untereinander unverändert. Die letzte Zahl bezeichnet das Jahr des Druckes.

Internetadresse: http://www.klett-verlag.de

Redaktion: Dr. Gabriela Scherer
Umschlag: Prof. Frank Neubauer, Leipzig
Layout und Satz: Ernst Klett Schulbuchverlag Leipzig GmbH, Leipzig
Repro: Huth & Möller, Leipzig
Druck: Ludwig Auer GmbH, Donauwörth

ISBN: 3-12-347421-6

Vorwort zur ersten Ausgabe

Wie und zu welchem Ende schreibt man heute eine Literaturgeschichte? Und was vermag ihr Studium zu bewirken? So mag Schillers Frage, unter die er am 26. Mai 1789 seine berühmte Antrittsvorlesung in Jena gestellt hat, abgewandelt werden: Was heißt und zu welchem Ende studiert man Universalgeschichte? Zwischen der Literaturgeschichte und einigen Ansichten von Schillers Geschichtsdeutung einen – zwar sehr lockeren – Zusammenhang zu stiften, bedeutet, die Voraussetzungen zu erhellen, die diese Geschichte der deutschen Literatur in ihren inhaltlichen und methodischen Grundannahmen, ihrer Zielsetzung und Darstellungsweise geprägt haben (Schillers weltgeschichtliche Perspektive hat hier freilich keine Entsprechung):
Demnach kommt es nicht darauf an, den Gang der Literatur vollständig und scheinbar unmittelbar im Gang der Literaturgeschichte einfach zu wiederholen, womöglich in allen einzelnen Schritten und Schöpfungen. Die universalhistorische Blickrichtung ist vielmehr bestrebt, das „zusammenhängende Ganze" zu sehen, den Gang der Literatur als Prozess zu erkennen. Von daher wird eine „Ordnung der Dinge" gestiftet. „Verkettungen", Gliederungen und Zusammenhänge werden ins Werk gesetzt. Dies bewirkt Zusammenziehungen und Auslassungen, die ein „Aggregat" von Einzelstücken zum epochengeschichtlichen „System" erheben. Darin ist ein weiteres Moment des Geschichtsverständnisses beschlossen: Dem universalhistorischen Blick erscheint die Vergangenheit auch im Licht der Gegenwart, in der Perspektive der „heutigen Gestalt der Welt" und des „Zustands der jetzt lebenden Generation", so dass stets auch „rückwärts ein Schluss gezogen und einiges Licht verbreitet werden kann". Wechselseitige Erhellung von Einst und Jetzt wird daher möglich. [...]
Es geht um historisches Verstehen von Literatur, das sich zugleich selbst als etwas Geschichtliches begreift. Die historische Besinnung verliert allerdings ihren Grund, sobald frühere Epochen und Werke im Aneignungsprozess allein vom heutigen Standpunkt aus betrachtet und kritisiert werden. Die historische Dimension wird durch bloße Aktualisierung verkürzt, das Verstehen um die Möglichkeit der wechselseitigen Erhellung von Vergangenheit und Gegenwart gebracht. Verloren geht die Spannung zwischen Traditionsbewahrung und Traditionskritik. Es kommt vielmehr darauf an, die Literatur auch aus ihrer Zeit, aus dem Erfahrungsraum und der geschichtlichen Konstellation ihrer Epoche zu verstehen. Der geschichtliche Gehalt einer bestimmten Zeit und Epoche liegt in den Werken selbst, in ihrem historischen und literarischen Eigensinn. Die (auch widerspruchsvolle) Einheit von Geschichte und Kunstcharakter deutlich zu machen, ist die vornehmste Aufgabe der Literaturgeschichte.

Diese Vorstellungen versucht die vorliegende Literaturgeschichte einzulösen. Sie gliedert den Literaturprozess in Epochen von der Aufklärung bis zur Gegenwart. Mit der Epoche der Aufklärung zu beginnen, hat gute historische Gründe: Sie setzt, mit dem Anbruch des bürgerlichen Zeitalters, nicht nur eine deutliche geschichtliche Zäsur; sie ist auch das Epochenfundament der Folgezeit über die Romantik hinaus. Auch wenn man sich nicht, wie im Falle der Aufklärung, auf das Selbstverständnis der schreibenden und lesenden Zeitgenossen berufen kann, besteht kein Grund, von den bislang gängigen Bezeichnungen für die großen Epochen der Literaturgeschichte abzugehen. Doch muss deutlich bleiben, dass es sich hierbei um eine Konstruktion handelt, die eine Verständigung über die jeweiligen Zeiträume und ihre Literaturen ermöglicht. Das Urteil dessen, der ein Werk als exemplarisch für einen geschichtlichen Zeitraum auswählt und an ihm Epochenaspekte darlegt, ist subjektiv; es ist Wertung und muss sich im Verlauf des Lesens und Verstehens bewähren.

Damit ist schon einiges gesagt über die Art und Weise, in der diese Literaturgeschichte dem Ziel nahe kommen will, die Kluft zwischen der ästhetischen Betrachtung des Einzelwerks und der historischen Erschließung einer Epoche zu überbrücken. Es soll wenigstens tendenziell eine Einheit zwischen Literatur und Geschichte gestiftet werden. Deshalb verzichtet dieses Werk auf eine je vorausgehende Gesamtdarstellung der Epochen, in die die einzelnen Werke hernach kurzerhand eingeordnet werden müssten. Solche epochalen Überblicke, losgelöst von den literarischen Individualitäten, den Werken, bleiben unsinnlich; sie führen zu Verkürzungen, weil sie einen Drang zur Einlinigkeit haben. Der Blick auf das einzelne Werk soll auch nicht dadurch verengt werden, dass ein Abriss der politischen und kulturellen Verhältnisse vorausgeschickt wird.

Mittelpunkt der Darstellung sind die einzelnen Werke. Die Darlegung ihrer ästhetischen Struktur soll die Erhellung der Epochenstruktur fördern; die Aspekte, die zum Verständnis der Poesie fruchtbar sind, taugen auch zur Skizze des literaturgeschichtlichen Zeitraums. Dabei trägt nicht nur das „Meisterwerk“ die Zeichen seiner geschichtlichen Zeit in sich; zuweilen können gerade an dem unvollkommenen, aber weit verbreiteten und insofern für die Literaturrezeption typischen Werk die Züge der Epoche abgelesen werden. Der Autor tritt in den Hintergrund. Schriftstellerbiografien werden daher nur kursorisch eingeblendet, wenn sie etwas zum Verständnis der epochentypischen Werke beitragen.

Am besten wird die geistige Spannweite einer Epoche sichtbar, wenn unterschiedliche, unter dem epochenerhellenden Aspekt antipodische Werke oder Gattungsreihen in Konstellationen einander gegenübergestellt werden, die einen aufschlussreichen geschichtlichen Augenblick der Epoche er-

fassen. In derartigen „Zusammenstößen" von Autoren und Werken, die auf die Herausforderung ihrer Zeit gegensätzlich reagieren, lässt sich die Gleichzeitigkeit von Gegensätzen erkennen.
Um die Literaturgeschichte nicht nur als Epochengeschichte, sondern auch als Nachschlagewerk tauglich zu machen, sind den Kapiteln, die unter je einem epochentypischen Aspekt stehen, tabellarische Übersichten von inhaltlich zugehörigen Werken vorangestellt. Eine kleine Synopse von Daten zur Literatur und Philosophie sowie allgemeinen kulturgeschichtlichen und politischen Daten beschließt die Bände.
Die Form dieser Literaturgeschichte macht es nicht möglich, Bezüge zu wissenschaftlicher Literatur ausdrücklich auszuweisen.

Joachim Bark *Dietrich Steinbach †*

Vorwort zur Neuausgabe

Die Konzeption dieser Literaturgeschichte stammt aus den späten 1970er Jahren, der Text war das Ergebnis langer und intensiver Diskussionen von Leuten, die das Reformjahrzehnt in Universität und Schule aktiv miterlebt haben. Nach sorgfältiger Prüfung der Konzeption gut zwanzig Jahre später sind die damals Beteiligten – auch im Gedenken an Dietrich Steinbach, den Spiritus Rector der Unternehmung – zum Schluss gekommen, dass die wissenschaftliche Anlage und die didaktische Ausrichtung immer noch, vielleicht sogar: gerade heute, Sinn machen. Denn die Annäherung an historische Zeiträume der Literatur und Künste gleichsam von unten, vom Werk und seiner Eigenart, sodann von der Gattungsentwicklung her erlaubt die Nachzeichnung der Physiognomie eines solchen Zeitraums in der Weise einer subjektiven, in ihren Argumentationsschritten nachvollziehbaren Lektüre.
Gleichwohl wurde viel geändert, in der mittlerweile angehäuften Forschungsliteratur recherchiert und, vor allem im 6. Band, neu geschrieben; Neuausgabe meint: über die Einarbeitung neuer Forschung und über eine eventuelle Neubewertung des einzelnen Literaturwerks oder eines ganzen Œuvres hinaus auch die Einbeziehung neuer literaturtheoretischer und -didaktischer Positionen. Dass all dies möglich geworden ist, verdankt sich dem spontanen Interesse und der Arbeitsfreude der damals Beteiligten, dem erfreulich leicht gemachten Zugewinn neuer Mitarbeiter und dem Angebot des Verlages, den Umfang zu erweitern, das Bildmaterial zu ergänzen und – vor allem – eine ständige Redakteurin zur Verfügung zu stellen.

Stuttgart, im Oktober 2001 *Joachim Bark*

Zu diesem Band

Die Epochen „Aufklärung" und „Sturm und Drang" werden primär in ihren Beziehungen zueinander dargestellt. Die literarische Bewegung „Sturm und Drang" wird als eine Ausprägung der Aufklärung verstanden. Die herkömmlichen Epochenbegriffe ermöglichen es aber, dort zu unterscheiden, wo beide Bewegungen unterschiedlich verlaufen sind. So treten in der Überschrift zu Kapitel 3 die Namen beider Epochen auf.

Nach Informationen über die Stellung der Literatur in der Zeit (Kapitel 2 und 3) orientiert die weitere Darstellung sich an Werken und zeigt an ihnen Inhalte, Probleme und Formen, die aus der Retrospektive für die beiden Epochen repräsentativ sind. Die leitenden Gesichtspunkte werden am Anfang der Kapitel 4 bis 7 genannt und begründet.

Wo Überblicke notwendig sind, wo die Entwicklung kleiner literarischer Formen aufgezeigt werden muss, wo Zusammenhänge zwischen größeren Werken aufschlussreich sind, wird die exemplarische Werkanalyse durch orientierte Information ergänzt.

Das Einleitungskapitel zeigt an Schillers Frühwerk „Die Räuber", wie schwer es ist, ein Werk einer Epoche zuzuordnen, wie aber zugleich die Frage nach epochengeschichtlichen Zusammenhängen den Blick für Kontinuität und Veränderung im Bereich der Literatur schärft.

Inhaltsverzeichnis

1 Von der Schwierigkeit, ein Werk einer literarischen Epoche zuzuordnen

1.1 Schillers Schauspiel „Die Räuber"

Als das Schauspiel „Die Räuber" am 13. Januar 1782 uraufgeführt wurde, war das Mannheimer Theater ausverkauft: „Aus der ganzen Umgegend, von Heidelberg, Darmstadt, Frankfurt, Mainz, Worms, Speyer usw. waren die Leute zu Ross und zu Wagen herbeigeströmt, um dieses berüchtigte Stück zu sehen", erinnert sich ein Zeitgenosse und Freund Schillers.
Was das Publikum anschließend zu sehen bekam, mutete allerdings zunächst wie ein Familiendrama an, das dem Geschmack des Publikums entsprach, das seinen Erwartungen geläufig und gefällig war.
Das Drama beginnt mit der Geschichte von den feindlichen Brüdern. Franz ist eifersüchtig auf die Liebe, die sein Vater Maximilian, regierender Graf von Moor, seinem Bruder Karl, dem Erstgeborenen, entgegenbringt. Er schreckt aus Eifersucht nicht davor zurück, Briefe zu fälschen, er verleumdet den Bruder als steckbrieflich gesuchten Verbrecher, zerstört mit der Lüge die Familienbande, treibt Karl aus dem Schloss. Der alte Moor will zwar alles wieder rückgängig machen, aber Franz lässt ihn in einen Turm sperren und für tot erklären. Er bringt den Bruder Karl um sein Erbe.
Doch im Laufe der Handlung beginnt das „berüchtigte Stück" die Hoffnung des Publikums auf Skandalöses zu erfüllen. Karl, vom Vater enttäuscht, rebelliert gegen den Vater, zugleich aber gegen die ganze Gesellschaft, gegen das „tintenklecksende Säkulum", er wird Anführer einer Räuberbande. Mit dem edlen Vorsatz, den Armen zu helfen und die Unschuldigen zu rächen, schlägt er sich mit der Räuberbande durch die böhmischen Wälder, plädiert für Freiheit und Tyrannenkampf. Der Schlosshandlung, die das vertraute Familienstück bietet, wird die Räuberhandlung entgegengesetzt, die Unerwartetes verspricht. Aber Karls Räuberleben erweist sich von Anfang an als moralische Irrfahrt. Der vom Vater verstoßene Sohn erfährt sich als einsam und verloren in der Gesetzlosigkeit der Räuberbande. Er möchte das Verlorene wieder zurückgewinnen, er möchte heimkehren. Dieser Gewissenskonflikt Karls wird schon im ersten Akt eingeleitet, er steigert sich bis zum Schluss, Karl kehrt heim und bekennt sich – zu spät – zu seiner Liebe für den Vater und die Geliebte. Das Einverständnis Karls mit der Gültigkeit des bürgerlichen Tugendideals in der Gesellschaft und in der Familie wird am Schluss wiederhergestellt, wenn auch in tragischer Konsequenz für die Beteiligten: Franz, der Bruder, erdrosselt sich. Das Schloss geht in Flammen auf. Karl tötet seine Braut und lässt sich schließlich gefangen nehmen.

Obwohl der letzte Akt die Moralvorstellungen des Publikums bestätigt, herrscht, als der Vorhang schließlich fällt, Chaos im Theater: „Rollende Augen, geballte Fäuste, heisere Aufschreie im Zuschauerraum. Fremde Menschen fielen einander in die Arme. Frauen wankten, einer Ohnmacht nahe, zur Tür. Es war eine allgemeine Aufregung wie im Chaos, aus dessen Nebeln eine neue Schöpfung hervorbricht", berichtet ein Zuschauer. Das Erstlingswerk des gerade 22-jährigen Schiller wird als ein beispielloses Ereignis in der Geschichte der deutschen Bühnendichtung gefeiert.

Die *Literaturgeschichte* hat bis heute große Schwierigkeiten, Schillers erstes Bühnenstück einzuordnen. Ist dieses Drama ein Nachzügler der Sturm-und-Drang-Epoche? Oder muss man die „Räuber" im Zusammenhang mit der Überlieferung der Aufklärung sehen? Oder ist gar das Barocktheater des 17. Jahrhunderts Vorbild für Schiller? Solche Fragen lassen sich nicht eindeutig beantworten.

Sicherlich enthält das Drama „Die Räuber" Motive der Sturm-und-Drang-Epoche. Der Tatendrang, die Revolutionsstimmung, der Hass auf das „tintenklecksende Säkulum", wie sie im ersten Akt des Dramas zum Ausdruck kommen, sind ohne die politische und literarische Bewegung, wie sie sich in der zweiten Hälfte des 18. Jahrhunderts entwickelte und in der Sturm-und-Drang-Epoche zum Programm erhoben wurde, nicht zu denken, aber die Zielrichtung, die Schiller mit diesem Drama verfolgte, ist doch eine andere. Schiller geht es nicht um das Eigenrecht der Persönlichkeit, er setzt eine sittliche Weltordnung voraus, die auch der noch anerkennen muss, der sich an ihr vergeht. Was Schiller mit seinen zeitgenössischen Schriftstellerkollegen verbindet, ist eine Verwandtschaft in den Motiven, die sich aus der geistigen und sozialen Lage der Zeit ergeben.

Schillers erstes Drama erschien fünf Jahre nach dem Höhepunkt der so genannten Geniezeit, der zugleich ihr Ende bedeutet. Im Schaffen der Stürmer und Dränger bringt das Jahr 1776 eine Wende. Die Dichter der Sturm-und-Drang-Epoche verfassen die Werke, derentwegen sie der Epoche zugeordnet werden, nicht oder nur ausnahmsweise nach diesem Zeitpunkt.

Nicht nur zeitlich, auch räumlich hatte Schiller andere Voraussetzungen als die Dichter der Sturm-und-Drang-Epoche. Am württembergischen Hof wurde noch immer die „große Oper" mit all ihrem Prunk aufgeführt. Durch sie ragte barocke Kultur bis weit ins 18. Jahrhundert hinein. Der Absolutismus mit seiner Entfaltung von Macht und Pracht des Hofes erhielt sich in Württemberg länger als anderswo.

Auch der *Pietismus* mit seiner antifeudalen Haltung, eine Gegenströmung zu dieser Hofkultur, gewann für den jungen Schiller Bedeutung. Die württembergischen Pietisten verstanden sich als eine Gemeinschaft, die den direkten Einfluss auf die gesellschaftliche Wirklichkeit aufgibt und den Einzelnen durch das Gewissen mit Gott als dem Richter über die Welt konfrontiert. Das ist ein Grundgedanke des Barock, und so rückt das Drama auch in seiner ideengeschichtlichen Orientierung in die Tradition des Barockzeitalters hinein.

„Die Räuber" fügen sich zeitlich und räumlich nicht ohne weiteres in die Sturm-und-Drang-Epoche ein. Sie wurzeln in den *Traditionen des Barock, des Pietismus* und *der Aufklärung*, insbesondere in der schwäbischen Spätaufklärung.

Schon die Sprache ist nicht nur die der Stürmer und Dränger. Das wird gerade an den Stellen deutlich, die dem affektbetonten Sprechen verwandt sind, das der Aufbruchstimmung der Sturm-und-Drang-Epoche entspricht. Immer wird die Sprache des Aufruhrs begleitet von einem Nominalstil, der ein vom Verstand kontrolliertes Sprechen kennzeichnet, also im Gegensatz zum emotionalen Ausdruck der Stürmer und Dränger steht. Wenn auch die Sprache des jungen Schiller sich im Bereich des derb Umgangssprachlichen und Volkstümlichen bewegt, so entstammt ein anderer Teil des Wortschatzes dem gedanklichen, abstrakten Bereich. Diese Begrifflichkeit bestimmt nicht nur die Rede des nüchternen und kalt berechnenden Franz, sondern auch die Karls. In dieser begrifflichen Sprache offenbart sich ein Denken, das sich an festen sittlichen Normen orientiert. Die Gegensätze dieser ethischen Wertvorstellungen, die Schillers dialektisches Denken bestimmen, sind klar umrissen: Tugend und Laster, Tugend und Verbrechen lauten solche Gegensatzpaare bei Schiller. Im Pathos vereinigen sich die Sprache des Gefühls und die Sprache des Verstandes.

Die Übersteigerung der Sprache entsteht durch die Betroffenheit des Individuums. Karls Bereitschaft, seinem schuldhaften Leben ein Ende zu machen, gründet in der Hoffnung auf eine göttliche Gerechtigkeit. Diesseitiges Leben wird gemessen an einer göttlichen Weltordnung. Aus dieser unerbittlichen Konsequenz entsteht Betroffenheit und als deren Ausdruck das Pathos. Dieses aber lässt sich aus den Vorstellungen des Barockzeitalters herleiten. Das Pathos der Rede und des Gestus bestimmt das barocke Welttheater. Der Nominalstil und die rhetorische Gestaltung der „Räuber" lassen erkennen, dass nicht bloße subjektive Befindlichkeit dargestellt werden soll, sondern Deutung von Welt. Auch die Art der Metaphern macht deutlich, dass es nicht um Ausdruck des Gefühls, sondern um auf Erkenntnis gerichtete Vernunft geht. Die Bilder entspringen primär dem Gedanken, nicht der Wahrnehmung. Sie sind im übertragenen Sinne zu verstehen als Ausdruck von Vorstellungen.

Und so lassen sich auch die Charaktere nicht nur aus den Vorstellungen der Sturm-und-Drang-Epoche verstehen. Der Stürmer und Dränger will den

Menschen, das Individuum darstellen, Karl und Franz verkörpern jedoch deutlich herausgestellte Eigenschaften. Diese Eigenschaften sind aufgehoben in einem sittlichen Wertesystem, das das nur individuelle übersteigt. Allein Spiegelberg trägt individuelle Züge. Wenn er gegen Karl intrigiert, dann ist er eine Parallelfigur zu Franz; er hat jedoch nicht Größe, sondern ist nur ein böser Mensch. Er bleibt individuell, Karl verweist auf Allgemeines. Auch die Charaktere sind in ihren Gegensätzen mehr aus der Tradition eines Typen-Welttheaters, wie es im Barockzeitalter gespielt wurde, zu verstehen als aus der Vorstellung, wie die zeitgenössischen Dichter zur Zeit Schillers den Menschen auf der Bühne zeigen wollten. Motive der Sturm-und-Drang-Epoche, der Erkenntniswille der Aufklärung, Ideen und dramatische Formen des Barockzeitalters kommen in diesem ersten Drama Schillers so zusammen, dass es ein Beispiel dafür ist, wie Werke Epochen spiegeln, aber auch von Tradition bestimmt sind und Zukunft entwerfen, denn in den Besonderheiten des früheren Dramas deuten sich schon Strukturen und Ziele an, die Schiller noch in seiner klassischen Zeit beschäftigen.

Die „Räuber“ sind nicht in Stuttgart, der Stadt, in der Schiller seine Jugendzeit verbrachte, sondern in Mannheim uraufgeführt worden, einem Theater mit langer Tradition. Theater war hier gespielt worden, seit Karl Theodor als Kurfürst regierte (1742). Es war sogar ein Mittelpunkt des europäischen Rokoko-Theaters geworden. Adlige Herren hatten eine hervorragende französische Schauspielertruppe engagiert, sie war ein Abbild der Comédie Française in Paris. Die Entwicklung der französischen Bühnenkunst des 18. Jahrhunderts spiegelt sich auf dieser deutschen Bühne. Allein von Molière wurden 20 Stücke aufgeführt. Im kurfürstlichen Opernhaus, das eines der prächtigsten in Deutschland war, spielte man die italienische Oper. Man muss sich das alles vor Augen halten, um zu verstehen, welche schwerwiegende Bedeutung es hatte, dass der residierende Kurfürst Karl Theodor seinen Regierungssitz nach München verlegte.
Italienische Oper, französisches Schauspiel – aber man hat sich auch hier in Mannheim um das deutsche Schauspiel bemüht. Das zeigt sich zunächst darin, dass man Lessing als Dramaturgen für das kurpfälzische Theater zu gewinnen versuchte. Aber das misslang, weil der Minister von Hompesch, als Lessing wirklich erschien, Angst vor der eigenen Courage bekam und Lessing mit vielen Vorbehalten wieder entließ. Kurios ist es, dass man schließlich mit einem Franzosen eine deutsche Schaubühne errichtete. Marchand, in Straßburg geboren, in Paris aufgewachsen, besaß deutsche Bühnenerfahrung. Er hatte in Frankfurt gewirkt. Als aber der Kurfürst Karl Theodor Mannheim verließ und seine Residenz in München nahm, wanderte die Theatergesellschaft mit nach München. Das Stück, mit dem sie

sich von den Mannheimern verabschiedete, war Lessings „Minna von Barnhelm“.

Freiherr von Dalberg erwies sich nun als ein Mann, der die drohende Verödung Mannheims aufzuhalten vermochte. Er bemühte sich um ein deutsches Nationaltheater. Mit einem Dekret vom 2. September 1778 wurde er mit der Errichtung eines Nationaltheaters beauftragt. Zwei günstige Voraussetzungen hatte Dalberg dafür: Erstens war ein geräumiges, zweckmäßiges und festliches Haus bereits vorhanden, zweitens hatte er Glück mit dem Personal.

Dalberg umwarb renommierte Schauspieler aus ganz Deutschland. Viele zog das Nationaltheater in Mannheim an: Beil, Beck, Iffland, hervorragende Schauspieler, folgten dem Angebot Dalbergs.

Dalberg war es auch, der Schiller zu Umarbeiten zwang. In einer vom Druck zurückgezogenen Fassung zielt Karls Rede in der ersten „wilden“ Szene noch genauer auf „die verfluchte Ungleichheit in der Welt“, in der Armut und Reichtum so ungerecht nebeneinander stehen. Es wird nach den Ursachen dieser Ungleichheit gefragt, der feudalabsolutistischen Gesellschaft wird der Gehorsam aufgekündigt. Dalberg hatte Einwände gegenüber dem rebellischen Inhalt des Stückes; die Tradition des Hoftheaters, sein Publikum verlangten eine theatralische Neutralisierung des Aktuell-Politischen. Dalberg forderte von Schiller, die Handlung in die Zeit des „Landfriedens“ von 1495 zu verlegen. Es entstanden zwar hierüber Kontroversen zwischen der Theaterleitung einerseits und den Schauspielern und dem Autor andererseits, aber auch Schiller gab schließlich nach, weil er einsah, dass es besser sei, die „Räuber“ als „modisches Ritterstück“ aufzuführen als gar nicht.

1.2 Zur Entwicklung des deutschen Theaters im 18. Jahrhundert

Die Theatertradition Mannheims hat sicherlich zur Widersprüchlichkeit des Werkes mit beigetragen. Mannheim war eines der deutschen Hoftheater, wie es sie in vielen Fürstentümern gab. Neben dem französischen Drama war vor allem die italienische Oper ein Lieblingskind der Hofgesellschaft, stellte sie doch eine glanzvolle Repräsentationsform höfischen Lebens dar. Selbst die Architektur diente diesem Zweck mit ihrer Anordnung der Räume und Sitze, die je nach gesellschaftlicher Stellung im Hofe vergeben wurden. Wer nicht zum Adel oder zum Hofstaat gehörte, hatte nur in Ausnahmefällen das Glück, eine Opern- oder Theateraufführung bei Hofe mitzuerleben.

Getragen wurden Oper und Theater am Hof in der Regel von fest engagierten französischen und italienischen Schauspielergesellschaften. Ihre finanzielle Sicherheit stand als verlockendes Ziel vor den deutschen Schauspielergesellschaften. Das Stuttgarter Opernhaus (Abb. 1), 1750 errichtet und 1758/59 bereits völlig neu gestaltet, verdeutlicht Pracht und Prunk solcher Bauten. Es verfügte über 1200 Sitzplätze und mehr als 2000 Stehplätze. In ungeheuer aufwendigen Inszenierungen wurden französische Schauspiele, Oper und Ballett vor dem Herzog und seinem adligen Publikum gespielt. Zutritt erhielt nur, wer geladen war. Der ausländische Einfluss ist für diese erste Phase der Entwicklung charakteristisch. Mit der Übernahme der französischen klassizistischen Spielweise wurde der Versailler Höfling zum Prototyp des Helden der „regelmäßigen" Tragödie (Abb. 2).

Neben dem Hoftheater gab es in Deutschland das *Wandertheater*. Der soziale Unterschied zwischen Wander- und Hoftheater war vor allem durch das Publikum bestimmt. In beiden Fällen handelte es sich um Berufsschauspieler. Die einen traten jedoch vor dem „Pöbel" auf, die anderen vor der höfischen Gesellschaft. Dieser Unterschied wirkte sich auf das Sozialprestige der Schauspieler aus.
Immer wieder bemühten sich Schauspielergesellschaften darum, „hoffähig" zu werden; denn das bedeutete zugleich auch ihre finanzielle Sicherung. Aber Erfolg hatten die wenigsten. Die Schwierigkeiten dieser Gesellschaften, am Hofe zu spielen, hingen damit zusammen, dass die italienische Oper und das französische Drama bevorzugt wurden. Gespielt wurde in französischer Sprache und nach französischer Manier. Und die Schauspieler des Wandertheaters scheiterten oft an der Unkenntnis der fremden Sprache und des Darstellungsstils.
Die Wanderbühnen arbeiteten mit wenig Aufwand. Sie spielten in Bretterbuden, Wirtshaussälen oder gar unter freiem Himmel und waren technisch nur mit dem Notwendigsten ausgerüstet, mussten ihre Kostüme selbst nähen, die Kulissen malen und die Textbücher herstellen. Nur die größten Schauspielergesellschaften wie die Neubersche, Schönemannsche, Ackermannsche erlangten überregionale Bedeutung.
Die Prinzipale, durchweg selbst Schauspieler, betrieben das Theater als Geschäft. Sie versuchten so effektiv wie möglich das Unterhaltungsbedürfnis ihres Publikums zu befriedigen. Der Staat kontrollierte das Wandertheater lediglich hinsichtlich der Privilegien. Ein Privileg war nichts anderes als ein Gewerbeschein, der erlaubte, in einem bestimmten Gebiet zu spielen. Wer kein Privileg besaß, durfte nicht auftreten. Der Aufenthalt an einem Spielort richtete sich nach den Einnahmen. Gingen sie zurück, wurde der Ort gewechselt. Die durchschnittliche Größe einer Schauspielergesellschaft betrug

1 Das Innere des Stuttgarter Opernhauses zur Zeit Carl Eugens. Stich von Bauchart. Foto: Württembergische Landesbibliothek, Stuttgart.

zwischen 15 und 20 Mitgliedern. Nicht jeder Schauspieler beherrschte bestimmte Rollenfächer, die durch eine lange Bühnentradition typisiert waren. Dass auf der Bühne des Wandertheaters durchgängig Hochdeutsch gesprochen wurde, war bis in die zweite Hälfte des 18. Jahrhunderts nicht selbstverständlich. Dialekt war keineswegs verpönt. Zeitgenössische Darstellungen zeigen, wie eingeschränkt die Aufführungsbedingungen dieser Schauspielergruppen waren (Abb. 3 und 4). Man spielt dort, wo es eben geht: auf einem rasch gezimmerten Brettergerüst (Abb. 3), in einer Scheune (Abb. 5) oder in einer Gaststätte, oft auch mitten im Jahrmarktstrubel, und man behilft sich mit den notwendigsten Requisiten.

2 *Der Comoediant. Deutscher Heldendarsteller der „regelmäßigen" Tragödie. Kolorierter Kupferstich von Martin Engelbrecht. Augsburg, um 1730. Foto: Deutsches Theatermuseum, München.*

3 *Joseph Stephan: Wanderkomödianten „Lipperltheater" auf dem Anger in München. Öl auf Leinwand, um 1780. Ausschnitt. Foto: Deutsches Theatermuseum, München.*

4 *Deutsche Wandertruppe der Neuberin-Zeit macht sich in Nürnberg für eine Haupt- und Staatsaktion mit Held und komischer Person zum Auftritt fertig. Stich von Paul Decker d. Ä. (?), um 1700. Foto: Bildarchiv Österreichische Nationalbibliothek, Wien.*

5 Wandertruppe in einer Scheune. Kupferstich von Riepenhausen nach einem Gemälde von William Hogarth, 1738. Foto: Bildarchiv Preußischer Kulturbesitz, Berlin.

Neben den neueren „regelmäßigen“ Stücken werden auch noch die älteren „Haupt- und Staatsaktionen“ (Abb. 4) gespielt, pompöse und effekthascherische Stücke, die mit zumeist improvisiertem Spiel den Zuschauer in die Welt der großen Politik zu versetzen suchen.

Gottsched machte sich schon in der ersten Hälfte des 18. Jahrhunderts daran, das nach seiner Vorstellung völlig chaotische und verwilderte Theater der Wanderbühne zu reformieren. Da er den Hauptgrund für das niedere Niveau der Schaubühne in der Trennung von Theater und Dichtung sah, forderte er von den Schauspielern „regelmäßige Schauspiele“ – das waren Schauspiele, die den Regeln der Poetiken entsprachen. Dahinter stand kein theaterpraktisches, sondern ein pädagogisches, aufklärerisches Interesse. Gottscheds Bemühungen um eine Reform des deutschsprachigen Theaters hatten sich auf den Spielplan konzentriert. Den Zusammenhang zwischen Spielplan und Organisationsform hatte er noch nicht gesehen, und deshalb hatte er auch immer wieder Enttäuschungen erleben müssen. Die Einrichtung stehender Bühnen versprach eine bessere Lösung. Das Ziel eines solchen deutschen Nationaltheaters war nicht nur die Schaffung einer Alter-

6 Teutsches Comödienhaus – Das Nationaltheater in Mannheim.
Kupferstich der Gebrüder Klauber. (nach F. A. von der Schlichten), Augsburg 1782.
© Reiss-Museum Mannheim, Theater- und Musikgeschichtliche Sammlungen.

7 Schiller: „Die Räuber", Uraufführung in Mannheim am 13. 1. 1782.
Originaldekoration „Galerie im Moorschen Schloss", IV. 2, zerstört 1943.
© Reiss-Museum Mannheim, Theater- und Musikgeschichtliche Sammlungen.

8 *Iffland als Franz Moor. Szenenkupfer aus: „Almanach für Theater und Theaterfreunde auf das Jahr 1807". © Reiss-Engelhorn-Museen Mannheim, Theater- und Musikgeschichtliche Sammlungen.*

9 *Schiller: „Die Räuber", IV. 5. Kolorierter Kupferstich von J. C. E. Müller nach G. E. Opitz. Foto: Stiftung Weimarer Klassik/Goethe-Nationalmuseum, Weimar.*

native zu den Hoftheatern, sondern gerade die Aufhebung der sozialen Aufspaltung in Hof- und Wandertheater in einem nationalen Spielplan und in einer Bühne für alle Stände.

Ein neues deutschsprachiges Theater setzt sich erst in der zweiten Hälfte des 18. Jahrhunderts durch. In dieser Entwicklung treffen viele Faktoren zusammen: die heftige Kritik am französischen Schauspiel durch die Literaten (Lessing und insbesondere die Stürmer und Dränger), die zunehmende Produktion von aufführungswirksamen eigenen Stücken, die Verbesserung der schauspielerischen Leistungen und der allgemeine Niveauanstieg in der Aufführungspraxis und nicht zuletzt die Etablierung der ersten Nationaltheater in festen Häusern. Das 1775–1778 unter dem pfälzisch-bayerischen Kurfürsten Karl Theodor errichtete „Teutsche Comödienhaus" in Mannheim (Abb. 6) ist dafür ein Beispiel. In diesem Haus, das rund 1200 Zuschauer fasste, beginnt 1779, nachdem Karl Theodor seinen gesamten Hofstaat nach München verlegt hatte, die Arbeit des Mannheimer „National-Theaters". Die denkwürdige Uraufführung von Schillers „Räubern" (Abb. 7, 8 und 9) findet am 13. Januar 1782 statt. Von dem hohen künstlerischen Anspruch zeugen bereits die malerisch beeindruckenden Bühnendekorationen (Abb. 7), die

10 *Schiller: „Kabale und Liebe", II. 3. Kupferstich von D. N. Chodowiecki, 1785. Foto: Walter Klein, Düsseldorf. © Goethe-Museum, Düsseldorf.*

11 *Schiller: „Kabale und Liebe", V. 1. Siehe zu 10.*

damit zu einem wichtigen Bestandteil der Inszenierung werden. Iffland, der die Rolle des Franz Moor spielte (Abb. 8), prägt als Schauspieler wie als Autor publikumswirksamer Stücke („Verbrechen aus Ehrsucht") in besonderer Weise den Mannheimer Darstellungsstil, für den – bei aller Anlehnung an die Prinzipien einer naturgetreuen Darstellung – Tendenzen der Stilisierung der Wirklichkeit charakteristisch bleiben. Rückschlüsse auf die zeitgenössische Bühnendekoration und den Inszenierungsstil vermitteln auch die Kupferstichillustrationen Chodowieckis zu Schillers „Kabale und Liebe" (Abb. 10, 11) die 1785, ein Jahr nach den Frankfurter und Mannheimer Aufführungen des Trauerspiels, erschienen sind. Die Schauplätze des Stückes (hier die einfach möblierte Bürgerstube, dort der üppig ausgestattete Adelspalast) werden in der Darstellung sorgfältig unterschieden.

2 Grundlagen der literarischen Entwicklung im 18. Jahrhundert

2.1 Zum Begriff der Aufklärung im 18. Jahrhundert

Obwohl schon im 18. Jahrhundert Formulierungen wie die vom „Zeitalter der Aufklärung" oder von der „aufgeklärten Zeit" zusammen mit denen vom „Zeitalter der Vernunft", von dem „erleuchteten Zeitalter", dem „Zeitalter der Kritik" verwendet wurden, ist die Entstehung des Begriffs „Aufklärung" nicht so selbstverständlich, wie es heute erscheinen mag. Die Gründe für die langsame Herausbildung und Durchsetzung des Begriffs sind vielfältig. Sicherlich hat der Umstand, dass Aufklärung über das 18. Jahrhundert hinaus als aktuelle Aufgabe und nicht ausschließlich als Wesensmerkmal eines vergangenen Zeitalters angesehen wurde, dabei eine wichtige Rolle gespielt. Sicherlich hängt es auch damit zusammen, dass im 19. und 20. Jahrhundert Gegenströmungen stärker weiterwirkten als die Aufklärung und ihre politisch-liberalen Bewegungen. Auch war der Aufklärungsbegriff schon im 18. Jahrhundert uneinheitlich, gegensätzlich, ja widersprüchlich bestimmt. Darüber, was unter „Aufklärung" begriffen werden sollte, bestand sogar bei den Anhängern und Vertretern der Ideen, die heute im Epochen- und Bewegungsbegriff der „Aufklärung" zusammengeschlossen sind, keine Einigkeit. Trotz dieses vielfältigen Charakters der Aufklärung gibt es Definitionen, die einprägsam und zugleich zutreffend sind und an denen sich eine erste Bestimmung orientieren kann. Seit der Epoche der Aufklärung bezeichnet der Begriff immer ein kritisches Denken mit dem Ziel, das Zusammenleben der Menschen in der Gesellschaft zu verbessern. In diesem Sinne hat aufklärerisches Denken praktische Absichten. Mit Hilfe dieser Bestimmung, die für die Aufklärungsbewegung in der Geschichte grundsätzlich gilt, lassen sich die Merkmale der Aufklärungsbewegung, die in der zweiten Hälfte des 17. Jahrhunderts einsetzt und im 18. Jahrhundert ihren Höhepunkt erreicht, in einem ersten Zugriff erfassen. Im Folgenden geht es um die spezifische Ausprägung in Deutschland. Die komplizierte Verflechtung mit der europäischen Aufklärung, insbesondere mit der englischen und französischen, kann dabei nur punktuell berücksichtigt werden.

Das *Primat der Kritik* ist eines dieser bestimmenden Merkmale. Die Autorität der Kanzel, des Katheders, die Kanzleien büßte ihre selbstverständliche Gültigkeit ein. Ein weiteres bestimmendes Merkmal ist die Maxime von der *Erklärbarkeit der Phänomene*. Entscheidende Instanz wird die menschliche Vernunft. Drittens meint Aufklärung das Überprüfen der herkömmlichen Lebens- und Denkpraxis mit dem Anspruch, die Interessen der nichtadeligen Schicht angemessen zu vertreten (s. S. 28 f.).

Im 18. Jahrhundert bezog sich das Denken der Aufklärung zuerst und vor allem auf theoretische und praktische Fragen der *Religion*. Die sich in Glaubensfragen einschaltende „Vernünftigkeit“ versteht sich dabei nicht als bloße Verstandeserkenntnis, sondern sie versucht eine Verbindung herzustellen zwischen dem vernünftigen, selbstverantworteten Denken des Menschen und den für lebensnotwendig erachteten Grundsätzen der Religion. Wie soll das Verhältnis von Vernunft und Offenbarung gedacht werden? Darauf waren unterschiedliche Antworten möglich. Für die kirchlich-orthodoxen Lehrmeinungen bildet die Offenbarung weiterhin Richtmaß, die Vernunft ist ihr untergeordnet. Die Umkehrung dieses Verhältnisses bewirkt eine radikale Religionskritik und Vorstufen eines materialistischen Denkens. Für die Aufklärung in Deutschland ist das Bemühen um eine Harmonie von Vernunft und Offenbarung charakteristisch.
Lessing hat sich mit theoretischen Schriften, aber auch mit dem dichterischen Werk, dem Drama „Nathan der Weise“, an diesen theologischen Auseinandersetzungen beteiligt (s. Kap. 6.2).
An der Entfaltung dessen, was Aufklärung sein und was sie leisten sollte, beteiligten sich jedoch nicht nur die Theologie, sondern alle Wissenschaften, vornehmlich die Philosophie. Die *Philosophie* übernimmt in der Aufklärung die Aufgabe, Fragen verschiedener Wissenschafts- und Lebensbereiche zusammenzuschließen. Das führt dazu, dass der philosophische Aspekt der Aufklärung relativ selten isoliert, vielmehr im Zusammenhang mit theologischen, literarischen, kulturellen und gesellschaftlichen Fragestellungen behandelt wird. Wir gehen im Folgenden nur dann auf philosophische Aspekte ein, wenn sie unmittelbar auf die Literatur eingewirkt haben.
Auch *Kants* Beantwortung der Frage „Was ist Aufklärung?“ am Ende des Jahrhunderts (1784) beschränkt sich nicht auf eine philosophische Definition, sondern gibt Anleitung zum praktischen Handeln. In diesem Aufsatz unterscheidet er scharf zwischen einem „aufgeklärten Zeitalter“ und einem „Zeitalter der Aufklärung“. Auf die Frage „Leben wir jetzt in einem aufgeklärten Zeitalter?“ antwortet er: „Nein, aber wohl in einem Zeitalter der Aufklärung.“ Bei Kant wird die Aufgeklärtheit eines Zeitalters nicht bezeugt durch den Wissensstand, sondern durch die allgemeine Fähigkeit der Menschen, „sich ihres eigenen Verstandes ohne Leitung eines anderen sicher und gut zu bedienen“. Diese Aufgeklärtheit ist für Kant Grundlage und Ausdruck der Mündigkeit der Menschen und erscheint ihm als der „Beruf jedes Menschen“. Entsprechend definiert er am Anfang des Aufsatzes die Aufklärung als Vorgang: „Aufklärung ist der Ausgang des Menschen aus seiner selbst verschuldeten Unmündigkeit.“ Nach dieser Charakterisierung ist Aufklärung als Reform der Übergang zum selbstständigen Denken. Obwohl die Aufklärung im Prinzip uneingeschränkt gelten soll, schränkt Kant ihren

praktischen Gebrauch auf den „öffentlichen" ein, worunter er – im Gegensatz zu unserem Verständnis des Wortes „öffentlich" – den Gebrauch versteht, den jemand als Gelehrter von ihr vor dem ganzen Publikum der Leserwelt macht. Als Privatgebrauch bezeichnet er dagegen denjenigen, „den er in einem gewissen ihm vertrauten bürgerlichen Posten von seiner Vernunft machen darf nach Maßgabe seiner Pflichten" –. Kant erläutert diesen Unterschied an der Tätigkeit des Geistlichen, der als Amtsperson vor seiner Gemeinde im Gebrauch der Vernunft nicht frei sein kann, dagegen als Gelehrter Gebrauch von seiner Vernunft machen darf. Dieser „öffentliche" Gebrauch der Vernunft ermöglicht Kritik an den Einrichtungen der Religion und der Kirche. Obwohl er auch die Möglichkeit andeutet, die Gesetzgebung zu kritisieren, so erhebt er doch die „Religionssachen" zum „Hauptpunkt der Aufklärung", weil hier die Unmündigkeit sich am schädlichsten für den Menschen auswirkt.

Obwohl Kant also vom „Zeitalter der Aufklärung" spricht, ist ihm der Epochenbegriff „Aufklärung" noch fremd. Dieser bildet sich erst im 19. Jahrhundert heraus im Bestreben, die eigene Zeit von dieser Vergangenheit abzugrenzen. Das geht oft nicht ohne einseitige Wertung, wenn etwa das 18. Jahrhundert als Zeitalter des Rationalismus, der Vernünftelei aufgefasst und die eigene Zeit als eine Überwindung dieser Phase gedeutet wird. Dabei wird leicht übersehen, dass die Aufklärung gerade im 18. Jahrhundert mit anderen, scheinbar entgegengesetzten Strömungen auf vielfältige Weise verknüpft war und durchaus Verstand und Gefühl miteinander zu fördern trachtete. Pietismus und Empfindsamkeit sind dafür wichtige Beispiele.

2.2 Pietismus und Empfindsamkeit

Der Pietismus als kirchliche und religiöse Reformbewegung seit dem ausgehenden 17. Jahrhundert übt Kirchenkritik als Institutionenkritik: Das Individuum steht selbstbewusst vor Gott und lehnt die Vermittlung durch die Kirche ab. Wenn der Pietismus die Bewährung der Frömmigkeit in der Verchristlichung der Welt durch die Bildung kleiner Gemeinschaften und Zirkel jenseits der verfassten Kirchen fordert, dann hat das mit der Vorstellung der Aufklärer von einem tugendhaften Leben in der Welt vieles gemeinsam. Die Verweltlichung (Säkularisierung), die im 18. Jahrhundert statthat, zeigt eine doppelte Wirkung: Indem das Religiöse säkularisiert wird, binden sich die frei gewordenen religiösen Kräfte an Weltliches. Das sind vor allem die Kräfte des Gemüts. Die neue Ich-Erfahrung bringt die Erfahrung der Einsamkeit mit sich, die auch im Pietismus gründet. Ob die Einsamkeit erlitten oder genossen wird – das empfindende Ich will sich nicht in sich selbst

verschließen. Es sucht nach Ausdruck, nach Kommunikation. Briefwechsel, Tagebuch, Autobiografie als literarische und vorliterarische Formen der Selbstdarstellung werden gepflegt.
Der Pietismus wird in der Mehrheit von den unteren Schichten getragen. Vor allem im schwäbischen Pietismus zeigt sich eine soziale Komponente als bedeutsames Moment der Aufklärung.
Kompliziert sind die Beziehungen zwischen Aufklärung, Pietismus und der Bewegung der Empfindsamkeit. Lange hat man in der Forschung einen Gegensatz zwischen Aufklärung und Empfindsamkeit postuliert. Das war ein Irrtum. In der Forderung nach einem Gleichgewicht von Denken und Empfinden waren sich die Anhänger der wahren Aufklärung wie auch die der wahren Empfindsamkeit einig.
Die Empfindsamkeit muss als säkularisierter Pietismus verstanden werden. Das eigene Gefühl wird ernst genommen. Das bedeutet einen Protest gegen die Reglementierung des Gefühls durch die Etikette. Selbstbewusst wendet das Ich sich gegen die hierarchisch abgestufte Geltung der Person im höfischen Zeremoniell.
Einflüsse aus England müssen genannt werden. Während der deutsche Philosoph Wolff (1679–1754) die Ästhetik ziemlich unbeachtet lässt, ist der englische Aristokrat Shaftesbury (1671–1713) Vertreter einer an Platon orientierten Philosophie, die das sittlich Gute als schön, das Schöne als sittlich gut begreift. Gefühl und Empfindung sind für Shaftesbury Grundlage der moralischen und ästhetischen Anschauung der Welt, der sittlichen und ästhetischen Erziehung des Menschen. Neben Shaftesbury gehört der englische Pfarrer Young (1683–1765) zu den Anregern der Gefühlskultur, die, seit den 1740er Jahren in Gellert und Klopstock repräsentiert, aufklärerische Positionen beeinflusst. 1768 wurde auf Anraten Lessings der Roman „Sentimental Journey“ von Laurence Sterne als „Empfindsame Reise“ übersetzt. Um 1773 registrierte die Kritik übereinstimmend mit dem Begriff „Empfindsamkeit“ eine neuartige literarische und soziale Strömung. Beispielhaft hierfür ist Sophie von La Roches „Geschichte des Fräuleins von Sternheim“ (1771); zum öffentlichen Durchbruch verhalf ihr Goethes „Werther“ (1774), der formal stark von La Roches Roman beeinflusst ist.

2.3 Aufklärung, Bürgertum und Absolutismus

Die politischen, sozialen und wirtschaftlichen *Voraussetzungen dieser Aufklärungsbewegung* können hier nur skizziert werden. Die Folgen des Dreißigjährigen Krieges waren im 18. Jahrhundert in manchen Landstrichen noch erkennbar. In Württemberg z. B. konnten die Bevölkerungsverluste erst

nach mehr als hundert Jahren ausgeglichen werden. Dabei war allerdings die Situation in den einzelnen Teilstaaten je nach den bevölkerungspolitischen Maßnahmen der Landesfürsten sehr unterschiedlich. Binnenwanderungen und Auswanderungen, durch Konfessionsstreitigkeiten hervorgerufen, waren keine Ausnahme. So erholte Brandenburg/Preußen sich von den Folgen des Dreißigjährigen Krieges vor allem durch die Aktivitäten der aus Frankreich zugewanderten Protestanten.
In der *wirtschaftlichen Entwicklung* gab es in Deutschland keine Industrialisierung wie z. B. in England, wohl aber müssen die Anlagen von Manufakturen in staatlicher Regie, die Förderung von privatwirtschaftlicher Produktion, die Bereitstellung von Arbeitskräften, Fortschritte in der Rationalisierung der Landwirtschaft als frühe Vorbereitung der Industrialisierung verstanden werden. Diese frühe Industrialisierung wird von *bürgerlichen Schichten* bestimmt.
Vielfalt und Spannung bestimmten die *politische Wirklichkeit.* Das Reich stellte noch immer den Rahmen dar, der die Existenz von geistlichen Staaten, reichsgräflichen und reichsritterschaftlichen Territorien, Reichsstädten und zahllosen Kleinstaaten möglich machte. Noch immer konnten Streitfälle vor die obersten Reichsgerichte gebracht werden. In der zweiten Hälfte des 18. Jahrhunderts denkt man noch einmal an die Reform des Reiches, wenn auch nun schon mit nationalem Akzent.
Es gab zwar die seit dem Westfälischen Frieden rechtlich anerkannte Selbstständigkeit der Einzelstaaten; von ihr konnten jedoch nur die Großen Gebrauch machen. In diesen Staaten vollzog sich, wiederum ungleichmäßig, ein Prozess der Zentralisierung und des Ausbaus der Verwaltung, an dem erstmals bürgerliche Schichten in erheblichem Maße beteiligt waren. Immer noch setzten Landesgrenzen politische und konfessionelle Unterschiede; nur unter den Gebildeten konnte sich ein Konsens der Meinungen ausbilden, und die unterschiedlichen Überzeugungen konnten nur hier mit Toleranz ausgetragen werden.

Die deutsche Aufklärungsbewegung ging einen Kompromiss mit dem Absolutismus ein. Sie erhielt sogar durch ihn ihre spezifische Ausprägung. Zwar sind diese beiden historischen Erscheinungen eigentlich nicht miteinander vereinbar, doch wurden diese Gegensätze über mehrere Jahrzehnte hinweg verdeckt. Die Vereinigung der Gegensätze zwischen dem Anspruch auf absolute Herrschaft und dem Primat der Kritik lag in erster Linie an den *Trägergruppen der deutschen Aufklärung*: Professoren, Lehrer, Theologen, Juristen, Publizisten, bürgerliche Intelligenz. Sie waren überwiegend mit den Territorialstaaten eng verbunden und materiell von ihnen abhängig. Die von ihnen angestrebten Reformen waren ohne die Bereitschaft der

Obrigkeit nicht durchführbar. Die politischen und sozialen Ordnungen, an denen durchweg festgehalten wurde, bestimmten das Ausmaß der Reformen. Die Aufklärung zielte also nicht auf eine Abschaffung der ständischen Gesellschaft, sondern auf eine Reform des absolutistischen Systems.

Trägerschicht der Aufklärungsbewegung war das Bürgertum. Doch muss man sich klar sein, dass nicht von einer bürgerlichen Klasse im Deutschland des 18. Jahrhunderts gesprochen werden kann. Zum Bürgertum als der Summe von nichtadligen, nichtbäuerlichen, nebenständischen Kräften gehörten heterogene Gruppen (s. u.), Männer im Dienst der Fürsten oder der Kirche, Kaufleute. Sie alle besaßen keinen festen Platz in der ständischen Gesellschaft; sie alle waren die „Bürgerlichen" im neuen Sinne, die weder ökonomisch noch im Anspruch auf und in der Teilhabe an Bildung eine homogene Gruppe bildeten. Die vielfältige Binnendifferenzierung der ständischen Gesellschaft lässt sich mit Hilfe der nachstehenden Skizzen verdeutlichen:

Skizzierung der Hauptgruppen im Statusaufbau einer Handelsstadt im 18. Jahrhundert

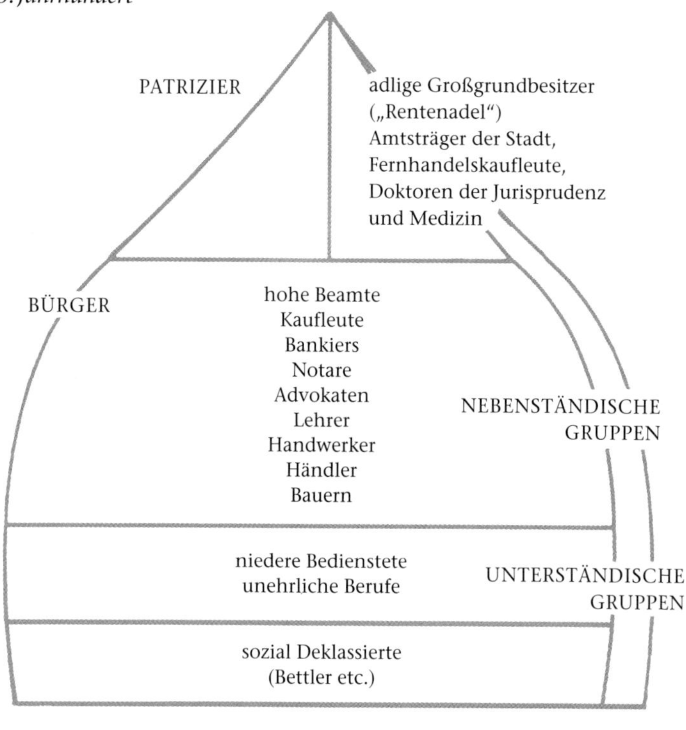

Skizzierung der Hauptgruppen im Statusaufbau einer Residenzstadt im 18. Jahrhundert

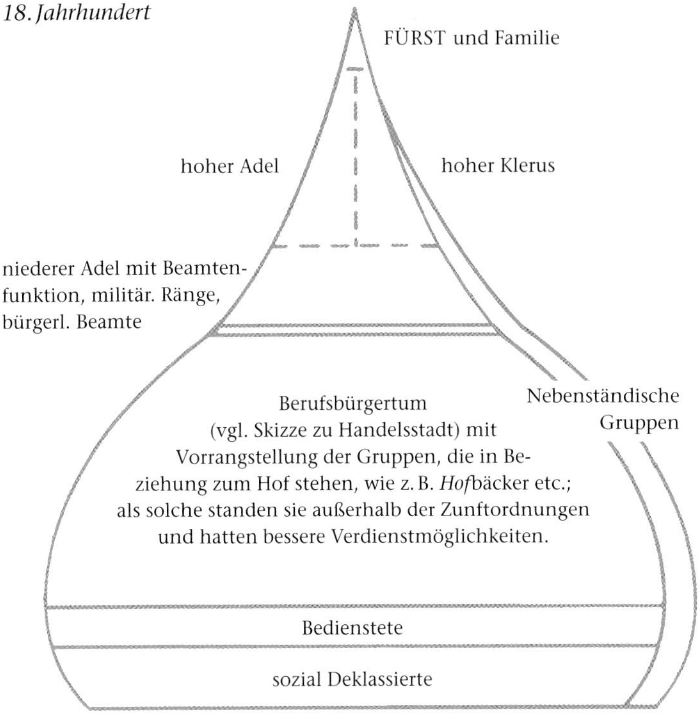

Zeichnungen nach: Wilfried Barner/Gunther Grimm/Helmut Kiesel/Martin Kramer: Lessing. Ein Arbeitsbuch für den literaturgeschichtlichen Unterricht. München: Verlag C. H. Beck, 1975, S. 52f.

Mit dieser Trägerschicht war die Aufklärungsbewegung eine *städtische Bewegung*, ohne dass die Städte im 18. Jahrhundert eine Blütezeit zu verzeichnen hatten. Viele Landesstädte verloren ihre kommunale Selbstverwaltung an die landesfürstliche Gewalt. Die freien Handelsstädte wurden durch die absolutistischen Verwaltungsformen in die neue staatliche Organisation einbezogen. Von 133 freien Reichsstädten waren im 18. Jahrhundert noch 51 vorhanden. Beeinträchtigt wurde der Handel durch Binnenzölle, unterschiedliche Münzsysteme, ein kaum entwickeltes Kreditwesen, schlechte Verkehrswege. Der Handel wurde größtenteils auf Messen abgewickelt. Frankfurt am Main war für den westlichen, Leipzig für den östlichen Außenhandel von Bedeutung. Hamburg war vor Bremen bedeutender Küstenumschlagplatz. Auf die Städte Norddeutschlands wirkte sich außerdem in der Entwicklung einer Stadtkultur die Nähe Englands und Hollands günstig aus. Diese wenigen Handels- und Messestädte konnten ihre Selbstständigkeit erhalten. Sonst war der Handel stark an die fürstlichen Residenzstädte gebunden.

Im Verhältnis von Lebenswirklichkeit und Bewusstseinsprozess traten im 18. Jahrhundert Diskrepanzen auf. Zwar kann man nicht einfach sagen, dass die geistige Entwicklung allein lebendig gewesen sei und alles andere, die geschichtliche, soziale und ökonomische Wirklichkeit dagegen stagniert habe. Viele Menschen dieser Zeit, Regierte und Regierende, waren zu Reformen in privaten und öffentlichen Bereichen bereit, doch erfuhr man unter den bestehenden Bedingungen das Utopische aufklärerischer Gedanken, man zog sich zurück auf private Moral, auf die Kunst. Die Bereitschaft zur Revolution bestand nur bei wenigen. Als die Revolution 1789 in Frankreich ausbrach, wurde sie in Deutschland von vielen begrüßt, ohne dass man sie sich selbst, für das eigene Land, wünschte. Man hoffte auf ein heilsames Erschrecken bei den Landesfürsten, erwartete einen Auftrieb der in Gang gesetzten Reformen, wurde sich aber erst spät, nach der eigentlichen Aufklärungsbewegung, darüber klar, dass die Revolution den aufgeklärten Absolutismus in Deutschland geschichtlich überholt hatte.

2.4 Literatur als Medium der Aufklärung

Mit dem stetigen Anwachsen einer literarischen Öffentlichkeit in der zweiten Hälfte des 18. Jahrhunderts entstehen auch in Deutschland die Voraussetzungen dafür, dass Literatur zunehmend mehr zum Medium der Aufklärung werden kann. Die beiden grundlegenden, sich wechselseitig beeinflussenden Tendenzen im 18. Jahrhundert sind das *Anwachsen der Leserschaft* und der *Buch- und Presseproduktion.* 1770 waren höchstens 15 %, um 1800 schon 25 % der Bevölkerung potenzielle Leser. Die Buchproduktion verdoppelte sich im 18. Jahrhundert auf 400 000–500 000 Titel, der Anteil der in Latein verfassten Bücher ging von 28 % auf 14 %, schließlich auf 4 % zurück.

Die Zahlen machen zweierlei deutlich: Ein großer Teil der Bevölkerung war im 18. Jahrhundert an dem Bildungs- und Aufklärungsprozess, der über das Buch vermittelt werden konnte, nicht beteiligt. Das Schlagwort „Volk ohne Buch“ gilt für weite Kreise auch der bürgerlichen Schichten in diesem Jahrhundert. Andererseits ist ein schwunghafter Aufstieg der Buchproduktion im letzten Drittel des Jahrhunderts erkennbar. Die Ursachen für diese Entwicklung sind mannigfaltig.

Das Analphabetentum verringerte sich durch die Ausweitung des Schulwesens. Eine allgemeine Schulpflicht bestand nicht, in Preußen wurde sie 1717 dort eingeführt, „wo Schulen sind". Dort entstand eine lokale Unterrichtspflicht. Erst das preußische General-Land-Schul-Reglement von 1763 führte zu einem Durchbruch. Während die Städte schon seit dem Spätmittelalter Elementarschulen hatten, weiteten sie sich nun auf die Dörfer aus. Als ein Resultat dieser Erweiterung sank nach Schätzungen im Laufe des 18. Jahrhunderts die Zahl der Analphabeten von 80/90 % auf 50 %.
Angehörige des Bürgertums erkennen in der Bildung eine Möglichkeit, ökonomisch und sozial aufzusteigen. Die Lesegewohnheiten ändern sich. An die Stelle des intensiven Lesens, bei dem die Bibel, der Katechismus, religiöse und moralische Erbauungsbücher wiederholt gelesen werden, tritt eine Lesehaltung, die nach immer wieder neuen Lesestoffen Ausschau hält. Das wachsende Bedürfnis nach Lesestoffen bedingt eine wachsende Buchproduktion, nicht nur im Bereich der gelehrten, sondern auch im Bereich der fiktionalen Literatur. Und hier vor allem wirkt sich das Leseinteresse der Frauen aus. Die *Romanproduktion* nimmt einen großen Aufschwung. Die Autoren der Trivialromane reduzieren das Abenteuer, die Utopie einer besseren Welt auf einfache Muster und mischen Motive und Themen zu einer leicht bekömmlichen Kost.
Von besonderer Bedeutung für das literarisch interessierte Publikum werden die periodisch erscheinenden *Zeitschriften*.
Medium der deutschen Aufklärung sind in der ersten Hälfte des Jahrhunderts die *Moralischen Wochenschriften*. Sie verbreiten das aufklärerische Programm in weiten Bevölkerungskreisen. Sie haben englische Vorbilder („Spectator", 1711/12; „Guardian", 1713), die in Deutschland durch Gottscheds Vermittlung seit den 1720er Jahren übersetzt und weit verbreitet sind. Die Moralischen Wochenschriften haben einen sittlich-lehrhaften Inhalt, der in literarischer Form erscheint: als Fabel, als Brief, als Gespräch, als Abhandlung. Sie meiden spezielle Aktualität.
Von Anfang an wenden sich die Moralischen Wochenschriften ausdrücklich an Männer und Frauen des gebildeten Bürgertums. Auf diese Weise tragen sie zur Bildung eines weiblichen Lesepublikums in Deutschland entscheidend bei. Schon früh arbeiten Frauen auch selbst an Zeitschriften mit, so z. B. Luise Adelgunde Gottsched – wenngleich anonym – an der Zeitschrift ihres Mannes, den „Vernünftigen Tadlerinnen" (1726). Gegen Ende des Jahrhunderts gibt es dann die ersten Zeitschriften, die sich ausdrücklich an ein weibliches Publikum wenden. Darunter ist Sophie von La Roches „Pomona für Teutschlands Töchter" (1783/84) nicht nur die erste von einer Frau herausgegebene Zeitschrift, sie ist auch von ihrem Wirkungsgrad die bekannteste. Wie lässt sich die Bildung der Frauen verbessern? Wie wird die

Frau ihren Aufgaben in Familie und Gesellschaft gerecht? Das sind die zentralen Fragen, auf die Sophie von La Roche in ihrer monatlich erscheinenden Zeitschrift Antworten zu geben versucht. Dass sie als Verfasserin des Romans „Die Geschichte des Fräuleins von Sternheim", 1771 erschienen, bereits Rang und Namen im literarischen Publikums besitzt, trägt zum Erfolg dieser Zeitschrift nicht unwesentlich bei.

Neben den Zeitschriften gibt es eine in der zweiten Jahrhunderthälfte wachsende Zahl von *Lesegesellschaften, Leihbibliotheken* und *geselligen Zusammenschlüssen.*

In diesen *Frühformen einer literarischen Öffentlichkeit* können Gedanken der Aufklärung, insbesondere der fortgeschrittenen in England und Frankreich, frei von gesellschaftlichen Bindungen praktiziert werden. Diese Prozesse sind nicht an eine vom Staat abgehobene oder gar oppositionelle Gesellschaft gebunden; jedoch stellen sie ein Forum der Diskussion her, die – obwohl abhängig vom absolutistischen Herrschaftssystem – gleichwohl im Sinne der bürgerlichen Bewegung argumentiert. Es bleibt an die Gruppen von Aufklärern gebunden, die als Gelehrte oder als Beamte in den Territorialstaaten Reformvorschläge zu realisieren suchen.

Zu ihnen gehört auch der Schriftsteller. Der Aufklärer *Friedrich Nicolai* äußert sich in seinem Roman „Das Leben und die Meinungen des Herrn Magisters Sebaldus Nothanker" (1773–1776) kritisch über das Nebeneinander von Gelehrtenstand und Schriftstellerei, d. h. über die faktische Begrenzung der aufklärerischen Bewegung, sofern sie auf eine literarische Öffentlichkeit angewiesen war:

„Der Stand der Schriftsteller beziehet sich in Deutschland beinahe bloß auf sich selber, oder auf den gelehrten Stand. Sehr selten ist bei uns ein Gelehrter ein Homme de Lettres. Ein Gelehrter ist bei uns ein Theologe, ein Jurist, ein Mediziner, ein Philosoph, ein Professor, ein Magister, ein Direktor, ein Rektor, ein Konrektor, ein Subrektor, ein Bakkalaureus, ein Collega infimus, und er schreibt auch nur für seine Zuhörer und seine Untergebenen. Dieses gelehrte Völkchen von Lehrern und Lernenden, das etwa 20 000 Menschen stark ist, verachtet die übrigen 20 Millionen Menschen, die außer ihnen deutsch reden, so herzlich, dass es sich nicht die Mühe nimmt, für sie zu schreiben; und wenn es zuweilen geschieht, so riechet das Werk gemeiniglich dermaßen nach der Lampe, dass es niemand anrühren will."

Die Öffnung der *Gelehrtenrepublik*, die Hinwendung zum Publikum, hatte 1773, als Nicolai diese Zeilen verfasste, erst begonnen. Erst im letzten Drittel des Jahrhunderts erfasste die Aufklärung den größeren Teil der Intelligenz, damit Teile der Universitäten, Gymnasien, Lateinschulen sowie Bürokratie und Geistlichkeit.

Obwohl das Lesebedürfnis wuchs, die Nachfrage nach dem Buch sich vergrößerte, war die wirtschaftliche und geistige Situation der Schriftsteller in diesem Jahrhundert nicht günstig. Lange blieb in Deutschland infolge der Kapitalknappheit nach dem Dreißigjährigen Krieg der Tauschhandel die beherrschende Verkehrsform auf dem Büchermarkt.

Auf den *Buchmessen* in Frankfurt, Straßburg, Stuttgart, Nürnberg, Leipzig und Breslau tauschten die Verleger die eigene Produktion gegen fremde. Der Handel vollzog sich bargeldlos und blieb dadurch an das fertige Produkt gebunden. Erst durch den Verkauf von Büchern bekam der Verleger Geld, das er für Materialkosten und Löhne brauchte. Die Verleger waren kaum in der Lage, den Autoren angemessene Honorare zu zahlen. Erst der wirtschaftliche Aufschwung in der zweiten Hälfte des Jahrhunderts und der Ausbau des Kreditwesens führten dazu, dass der Tauschhandel durch Konditions- und Kommissionshandel abgelöst wurde. Eine explosionsartige *Ausweitung des Buchmarktes* im letzten Drittel des Jahrhunderts war die Folge. Die Verleger verkauften die Bücher an die Sortimenter, die Buchhändler beschafften sich die Bücher von ihnen und verkauften sie an die Leser. Der Sortimenter hatte das Recht, unverkaufte Bücher zurückzugeben, der Verleger konnte dem Sortimenter Neuerscheinungen unverlangt zusenden. Klagen über gewinnsüchtige Verleger, die Trivialliteratur um des eigenen Profits willen verbreiteten, aber auch Klagen über den schlechten Geschmack der Leser wurden nun häufiger.

Die *Schriftsteller* erhielten ein Honorar (Ehrengeschenk); es kann nicht als angemessene Entlohnung angesehen werden. Der Begriff verdeckt die wirtschaftlichen Bedingungen der literarischen Produktion. Waren bislang die Autoren auf die Förderung und den Auftrag der Fürsten oder die Kirche angewiesen (Mäzenatentum), so mussten sie nun ihre wachsende Selbstständigkeit mit der *Abhängigkeit vom Markte* bezahlen. Die meisten Autoren konnten bei ihren Verlegern kein angemessenes Honorar fordern. Sie waren von der Gunst des Verlegers, dieser vom Markt abhängig. Während des Tauschhandels bekamen die Schriftsteller als Entgelt Freiexemplare ihrer eigenen Produktionen und Bücher aus dem Sortiment. Erst in der Mitte des Jahrhunderts stiegen mit der Entwicklung des Konditions- und Kommissionshandels die Honorare und damit auch das Ansehen der Schriftsteller. Trotzdem blieb das Bücherschreiben Nebenberuf. Selbst *Lessing*, der erste „freie Schriftsteller", war in Wolfenbüttel auf ein Bibliothekarsgehalt von 600–800 Reichstalern angewiesen. In seinem Fragment „Leben und leben lassen. Ein Projekt für Schriftsteller und Buchhändler", entstanden nach 1772, macht er als Autor Vorschläge, Missstände zu beseitigen, an denen nicht nur er zu leiden hatte. Lessing fordert in dieser Schrift die Anerkennung des geistigen Eigentums. Bis in die zweite Hälfte des Jahrhunderts war es üblich – und dem Gedanken der Aufklärung besonders angemessen –, dass der Besitz von Wissen zur Mitteilung verpflichtete. Was ein Schriftsteller einmal veröffentlicht hatte, unterlag dem Anspruch der Allgemeinheit, die damit nach Belieben verfahren konnte. Gegen diese Vorstellung vom geistigen Eigentum wendet sich Lessing in dieser Schrift. Er tritt ein für das Verbot des Nachdrucks und eine gerechte Verteilung von Gewinn und Verlust zwischen dem Schriftsteller, dem Drucker und dem Buchhändler. Selbstverlag und Subskription sollten mit den herkömmlichen Produktions- und Verkaufsgewohnheiten des Buchhandels kombiniert werden. Lessing äußert in dieser Schrift die Hoffnung, die Schriftsteller aus der Abhängigkeit von Verlegern befreien zu können.

Zensur und *Selbstzensur* gehören in den Zusammenhang von Amt und Schriftstellerei, der in Kants Aufsatz von 1784 behandelt wird. Er führt zur Trennung zwischen Gebrauch der Vernunft in amtlichen Stellungen und in der Eigenschaft als Gelehrter vor dem Publikum der Leser. Die öffentliche Meinung darf sich nur bilden, wenn sie dem Herrschaftsanspruch des Fürsten nicht entgegentritt.

Seit 1579 bestand die Kaiserliche Bücherkommission in Frankfurt. Sie übte bis ins 18. Jahrhundert die Zensur aus. Während bis 1715 nur religiöse Schriften geprüft wurden, erfasste die Zensur im 18. Jahrhundert weltliche, vor allem politische Literatur.

3 Aufklärung und Sturm und Drang als literarische Epoche

3.1 Zum Verhältnis von Aufklärung und Sturm und Drang

Die Verwendung der beiden Begriffe „Aufklärung" und „Sturm und Drang" im Sinne einer literarhistorischen Periodisierung ist mit Schwierigkeiten verbunden. Die bisherige Literaturgeschichtsschreibung hat insbesondere die Abgrenzung des Sturm und Drang von der Aufklärung und der Empfindsamkeit einerseits und von der Klassik andererseits sehr unterschiedlich vorgenommen. Im Blick auf die durch Goethe und Schiller geprägte Weimarer Klassik wird der Sturm und Drang in der älteren Forschung oft einseitig als Phase des bloßen Durchgangs und der Vorbereitung (Vorklassik) gewertet. In Analogie zu der Lebensgeschichte Goethes und Schillers werden Vorstellungen einer lebensgeschichtlichen Entwicklung der Autoren auf die Literatur selbst übertragen. Der Jugend der Stürmer und Dränger entspricht in dieser Sicht das Aufbegehren gegen eine Gesellschaft, deren politische und soziale Ordnung als bedrückend und widernatürlich, und gegen eine Kultur, die als fremd und künstlich wahrgenommen wurde. Wenn die programmatischen Entwürfe wie auch die literarischen Werke in vielem bruchstückhaft und unvollendet blieben, so gilt dies nur als ein weiteres Indiz für das Jugendlich-Unfertige dieser literarischen Bewegung.

Die Konsequenz solcher Überlegungen ist eine scharfe Trennung der Literatur des Sturm und Drang von der der Aufklärung, während der Übergang zur Klassik eher organisch gedacht wird, so als sei das im Sturm und Drang Angelegte erst in der „Reife" der Klassik voll zur Entfaltung gekommen.

Ein anderes Abgrenzungsmodell benutzt die These vom angeblichen Irrationalismus des Sturm und Drang, der als eine spezifisch „deutsche Bewegung" gegen die liberal-rationalistischen Strömungen der europäischen Aufklärung interpretiert und in einen Traditionszusammenhang mit der ebenso einseitig völkisch-national gewerteten Romantik gerückt wird. Es überrascht nicht, dass solche Denkmuster insbesondere in der nationalsozialistischen Zeit zum Ausdruck kommen.

Für die neuere Forschung ist das Bemühen charakteristisch, derartig einseitige Zuordnungen und Abgrenzungen zu vermeiden und das Verhältnis zwischen Aufklärung und Sturm und Drang differenzierter zu sehen. Je mehr die Aufklärung als die umfassende epochale Grundströmung verstanden wird, innerhalb deren sich mit der Emanzipation des Bürgertums auch die Formen bürgerlicher Kunst und Literatur konstituieren, umso eher kann der Sturm und Drang als eine neue Phase dieses Prozesses gewertet werden; als eine Bewegung nämlich, in der die Aufklärung weiterwirkt, auch wenn sich die neue Bewegung mit zeitlich früheren Erscheinungsformen der Aufklärung, wie sie sich in Deutschland seit Beginn des 18. Jahrhunderts entwickelt haben, zum Teil leidenschaftlich und kritisch auseinander setzte. Das Verhältnis von Aufklärung und Sturm und Drang wird also durch Kontinuität und Diskontinuität bestimmt. Ein solcher Erklärungsansatz, der auf Zuordnung und Abgrenzung zugleich zielt, macht es möglich, die deutsche Literatur der 70er- und 80er Jahre des 18. Jahrhunderts wieder in ihrem Zusammenhang mit der gesamteuropäischen Aufklärungsbewegung zu sehen, ohne zu verkennen, dass der Sturm und Drang eine im Wesentlichen auf die deutsche Literatur beschränkte Erscheinung bleibt. Die Gründe dafür liegen vor allem in jenen Verspätungen und Verzögerungen, die in Deutschland – im Unterschied zu anderen westeuropäischen Ländern – den Prozess der Verbürgerlichung der Gesellschaft und der Kunst bestimmen.

3.2 Zur Periodisierung

Eine sinnvolle Verwendung der beiden Begriffe „Aufklärung“ und „Sturm und Drang“ muss also davon ausgehen, dass „Aufklärung“ der übergeordnete Epochenbegriff ist: Das „Jahrhundert der Aufklärung“ bildet den Rahmen, innerhalb dessen die literarische Entwicklung unterschiedliche Phasen durchläuft. Sturm und Drang und Empfindsamkeit bezeichnen solche Bewegungen, die etwa ab der Jahrhundertmitte die zeitlich vorausgehenden Ausprägungen der literarischen Aufklärung auf ihre Weise verändern und weiterführen.
Orientiert man sich an den gängigen Vorschlägen zur Periodisierung, dann lässt sich der gesamte Entwicklungsprozess wie folgt gliedern:

1. Übergangsphase	1680–1720/30
2. Rationalistische Frühaufklärung	1720/30–1740/50
3. Hochaufklärung und Empfindsamkeit	1740/50–1770
4. Spätaufklärung und Sturm und Drang	1770–1789

Der Begriff „Übergangsphase“ bringt zum Ausdruck, dass sich gegen Ende des 17. Jahrhunderts erst allmählich und regional begrenzt Frühformen einer bürgerlichen Kultur herausbilden, während die barocke höfische Kultur nach wie vor dominiert. Die rationalistische Frühaufklärung wird insbesondere durch das Systemdenken der wolffschen Philosophie (*Christian Wolff*, 1679–1754) und literarisch durch die normativ-systematische Dichtungslehre Gottscheds (*Johann Christoph Gottsched*, 1700–1766) geprägt. Als „Gottsched-Phase“ wird diese Periode häufig auch von der folgenden „Lessing-Phase" abgegrenzt, ein Verfahren, das die besondere Wirksamkeit dieser beiden Autoren auf die Früh- bzw. Hochaufklärung berücksichtigt. Selbstverständlich dient eine solche Periodisierung nur der groben Orientierung. Sie gelangt immer dort an ihre Grenze, wo das zeitliche Nebeneinander unterschiedlicher Strömungen erfasst werden soll. Für den hier in Frage stehenden Zeitraum bedeutet das, dass etwa ab der Jahrhundertmitte die literarische Aufklärung, die Empfindsamkeit und das literarische Rokoko mit- und nebeneinander auftreten und dass der Sturm und Drang als eine spätere literarische Strömung zu den weiterwirkenden anderen hinzukommt. Jene komplexe „Gleichzeitigkeit des Ungleichzeitigen" kennzeichnet mithin die vier Jahrzehnte der literarischen Entwicklung (von der Jahrhundertmitte bis zur Französischen Revolution), die in der folgenden Darstellung besonders berücksichtigt werden. Erst in diesem Zeitraum entstehen literarische Werke, die – wenn auch mit sehr unterschiedlichen Wirkungsgeschichten – bis in die Gegenwart hinein weiterwirken.

3.3 Zum Selbstverständnis der Literatur in der Aufklärung

Der Wert eines literarischen Werkes bemisst sich nach dessen Beitrag zur Aufklärung des Publikums. Dieser Grundgedanke eines neuen Literaturverständnisses führt zu einer Poetik, die nicht nur den Prozess künstlerischer Gestaltung, sondern auch die Wirkung der Literatur auf ihr Lesepublikum neu bedenkt. Literatur gewinnt in der Aufklärung eine neue Funktion. Die in die höfische Kultur eingebundene Literatur hat Repräsentationsfunktion. Im Unterschied dazu übernimmt die bürgerliche Literatur die Verbreitung bürgerlicher Moralvorstellungen, und damit behält sie auch eine politische Funktion. Sie bedarf aufgrund der veränderten Situation der Legitimation, zumal deshalb, da sich das Bürgertum bewusst vom Adel und von seinem lasterhaften, „unnatürlichen" Leben distanziert. Literatur dient der Selbstfindung und der Stärkung des Selbstbewusstseins im Bürgertum. Ein solches Literaturverständnis fordert die Institutionalisierung und Popularisierung der *öffentlichen Kritik*.

Gottsched und Lessing bringen auf ihre Weise dieses neue Literaturverständnis zum Ausdruck. Der eine, Gottsched, prägt weitgehend das poetologische Denken der ersten Jahrhunderthälfte. Der andere, Lessing, gewinnt in kritischer Auseinandersetzung mit zeitgenössischen philosophischen und literarischen Werken für die zweite Hälfte seinen bestimmenden Einfluss.

In der Vorrede des *„Laokoon"* unterscheidet *Lessing* den Liebhaber von Kunst von dem Philosophen und vom Kunstrichter. Der Kunstliebhaber wertet nach seiner Empfindung, der Philosoph sucht nach den Ursachen der Wirkung und stellt die Regeln auf, der Kunstrichter überprüft am einzelnen Kunstwerk ihre Gültigkeit. Die öffentliche Kunstkritik ist mit der moralisch-politischen Aufgabe der Kunst notwendig geworden, da der Beitrag der Literatur zur Aufklärung des Publikums einer aufgeklärten und aufklärerischen Methode bedarf.

Dem Publikum wird bei der Kritik ein Mitspracherecht zugebilligt. Lessing versteht sich als „ästhetischer Kronjurist", d.h., Mitspracherecht ist nur dann erlaubt, wenn sich die Erwartungen des Publikums mit den Urteilen des Kunstrichters decken. Besteht hier eine Diskrepanz, dann muss er ihm gegenüber eine erzieherische Funktion einnehmen. Dabei möchte Lessing über alle sozialen Schranken hinweg wirken, wenn er auch die Schwierigkeit erkennt, die sozial niedrigeren Schichten mit seiner Kritik der Poetik zu erreichen.

In der Einschätzung der eigenen Rolle als Kunstrichter und Kritiker ergeben sich zwischen Lessing und *Gottsched* deutliche Unterschiede. Gottsched erhebt als Gesetzgeber der Poesie den Anspruch auf Unfehlbarkeit, weil die Regeln, die er aufstellt, allein auf überprüfbaren, vernünftigen Regeln beruhen. Diese Regeln aber kennt nur der Gebildete. Die Fähigkeit zur Kritik ist in der Hand derer, die auf rationale Weise das Urteil, den Geschmack des Lesers erkennen und durch Aufstellung von Regeln prägen können. Bei diesem Unterschied in der Einschätzung des Publikums mögen eine unterschiedliche Bewusstseinshaltung, aber auch unterschiedliche ökonomische Interessen im Spiel gewesen sein. Während für Gottsched das literarische Publikum nur als gebildetes Publikum zählt, gewinnen für Lessing auch die unteren sozialen Schichten die Bedeutung einer potenziellen Käuferschicht.

Die Legitimation der Kunst und ihre öffentliche Kritik fordern es, die spezifischen Aufgaben der unterschiedlichen *literarischen Gattungen* neu zu bestimmen. So hat sich Lessing als Repräsentant der Aufklärung beteiligt an der Theorie und literarischen Praxis zum bürgerlichen Drama und Theater, zur lehrhaften Dichtung der Fabel und des Lehrgedichts, zur öffentlichen literarischen Kritik in der Abhandlung, in der Streitschrift, im fiktiven Dialog, zum Witz im Epigramm, in Satire, Aphorismus, im Lustspiel, zur Prosa des Briefes und der öffentlichen Rede. Nur die Entwicklung des bürgerlichen Romans hat sich im 18. Jahrhundert ohne Lessing vollzogen. Das *Drama* als Gattung und das *Theater* als literarische Institution stehen im Gesamtwerk Lessings allerdings im Vordergrund.

Auf die scharfe Kritik der aktuellen Theatersituationen in den „Briefen die neueste Literatur betreffend", in denen *Lessing* vor allem im 17. und 81. Brief mit Gottsched abrechnet, Shakespeare als Vorbild für den deutschen Dramatiker nennt, den Unterschied zwischen dem Geschmack der Franzosen und

Deutschen als Gegensatz festhält, das deutsche Theater in seiner Nachahmung des französischen Regelstücks im Hoftheater einerseits und die Verkommenheit des Wandertheaters andererseits kritisiert, folgt 1767 das praktische Engagement für das neu gegründete „Hamburger Nationaltheater". Als fest angestellter Kritiker bespricht Lessing die laufenden Stücke in einer zunächst wöchentlich erscheinenden Zeitschrift, sie erhält den Namen *„Hamburgische Dramaturgie"*. Die Herausgabe einer solchen Zeitschrift war mit verlegerischen Schwierigkeiten verbunden. Lessing selbst gründete eine Druckerei. Bezogen wurde die Zeitschrift gegen Vorausbestellung und -bezahlung. Die Zeitschrift sollte die Wirkung des Hamburger Theaters als nationale Erziehungsstätte unterstützen. Die zunehmenden finanziellen Schwierigkeiten, das Theater aufrecht zu erhalten, und die Passivität beim Publikum gefährdeten nicht nur das Fortbestehen des Theaters selbst, sondern auch das Bestehen der Zeitschrift. Durch ihr unregelmäßiges Erscheinen war die Aktualität der Kritik nicht immer gewährleistet. Schließlich wurden die Beiträge in Buchform veröffentlicht. Dramaturgische Probleme allgemeiner Art wurden mit aufgenommen. So konnte das völlige Scheitern der Grundkonzeption verhindert werden.

Von den vielen Themen, die in der „Hamburgischen Dramaturgie" behandelt werden, sollen drei Aspekte zur Theorie der Tragödie die Vorstellungen und Methoden Lessings deutlich machen.

Lessing fordert wie auch sein Vorläufer Gottsched das Prinzip der *Nachahmung* in der Kunst, aber er warnt vor einem bloßen Realismus. Diesen Widerspruch im Prinzip der Naturnachahmung löst Lessing auf, indem er den Begriff von Natur erweitert. Neben der „Natur der Erscheinungen" gibt es die „Natur unserer Empfindungen und Seelenkräfte". Die Aufgabe der Kunst ist es nun, zu abstrahieren. Die aus der Natur abstrahierten Elemente müssen kausal verknüpft werden, damit ein Sinnzusammenhang entsteht. Die Kunst, die so entsteht, das Drama, wird ein „Schattenriss von dem Ganzen des ewigen Schöpfers". Das Drama wird zum Mittel der Erkenntnis.

Hieraus ergibt sich notwendig die Forderung nach *„gemischten Charakteren"*. Das setzt den Abbau der so genannten Ständeklausel voraus, einer Vorgabe aus der Antike, derzufolge nur Personen des Ersten Standes Tragödienfiguren werden durften. Der Dichter, der seiner dramatischen Figur einen möglichst hohen Grad an Allgemeinheit geben soll, muss von jeglicher Ausnahme absehen. Der Märtyrer und der Bösewicht erscheinen Lessing zu stilisiert, als dass sie noch den Anspruch auf das Allgemeine repräsentieren können. Hinzu kommt, dass Lessing die Wirkungsabsicht der Tragödie, Furcht und Mitleid zu erregen, in modifizierter Weise von Aristoteles übernimmt. Und auch sie fordert den gemischten Charakter, denn ein Bösewicht kann nur abschrecken, Mitleid erwecken kann er nicht. Mitleiden

kann der angezielte bürgerliche Zuschauer nur, wenn er auf der Bühne ihm ähnliche Personen sieht. Lessing versucht, die Tragödie in den Dienst der von ihm vertretenen moralischen Ziele zu stellen. Die Bühne wird zum Ort der Weckung und Einübung des Mitleidens, es vollzieht sich nach Lessing durch das Erkennen und Empfinden der einsamen egoistischen Leidenschaft des Helden als Ursache seines Unglücks. In dieser *Katharsis* sollen nicht einzelne Leidenschaften durch die Tragödie gereinigt und damit einzelne Tugenden gefördert werden, sondern eine allgemeine tugendhafte Gesinnung ist das Ziel.
Lessing war nicht der erste, der im 18. Jahrhundert inmitten deutscher territorialer Zerrissenheit den Plan eines einigenden *nationalen Theaters* hegte. Die entscheidenden Schläge, die Lessing im 17. Literaturbrief der kritischen Dichtkunst Gottscheds und dessen Bemühungen um die deutsche Schaubühne versetzt, haben Gottsched als Karikatur der Nachwelt vermittelt. Dennoch setzt Lessing da ein, wo Gottsched stehen geblieben ist. Gottsched hat die politischen Aufgaben eines deutschen Nationaltheaters noch nicht erkannt. Was Gottsched versäumt hat, wird Lessing zur Hauptaufgabe: Dass die Frage nach den Vorbildern für ein deutsches Theater, also die Frage, ob Sophokles oder Shakespeare, Corneille oder Voltaire, weit über den Rahmen einer Literaturdebatte hinausreichend diskutiert werden müsste, und dass eine soziale und nationale Auseinandersetzung dabei auszutragen wäre: sozial als notwendig zu treffende Unterscheidung zwischen höfischer und bürgerlicher Kunst, national als Auseinandersetzung zwischen deutscher und französischer Kunst.

3.4 Zum Selbstverständnis der Literatur im Sturm und Drang

Der Begriff „Sturm und Drang“ bezeichnet jene nur kurze literarische Bewegung in den beiden Jahrzehnten vor der Französischen Revolution, die ihren Höhepunkt in den 70er Jahren hat, während Schiller mit seinen Jugenddramen bereits als Nachzügler gilt. Den Begriff kannten und gebrauchten schon die Zeitgenossen. Ursprünglich der Titel eines Schauspiels von Friedrich Maximilian Klinger (1776), setzte sich „Sturm und Drang“ rasch als Bezeichnung für ein gewandeltes Lebensgefühl durch, das eine Generation junger Autoren, vorzugsweise im Alter zwischen 20 und 30 Jahren, miteinander vereinte. Der Begriff „Genieperiode“ bzw. „Geniezeit“, der verschiedentlich vorgezogen wird, verweist darauf, dass die Stürmer und Dränger sich selbst gern „Originalgenies“ nannten, während sie von anderen oft spöttisch-distanziert als „Kraftgenies“ apostrophiert wurden.

Nicht nur zeitlich, auch lokal lässt sich die Bewegung leicht eingrenzen: Der Kreis um *Herder, Goethe, Wagner, Merck* und *Lenz* (zuerst in Straßburg, dann in Frankfurt und Wetzlar) gibt in den Jahren 1770–1773 die entscheidenden Impulse, eine weitere Gruppe in Göttingen (vor allem *Voß* und *Bürger*), schließlich der schwäbische Kreis (*Schubart, Weckherlin* und der junge *Schiller*) kommen hinzu – damit sind bereits die wichtigsten Träger der Bewegung und ihre regionalen Zentren genannt.
Als wirkungsgeschichtlich besonders bedeutsam sollte sich allerdings jener Ort erweisen, wo Goethe als junger Student auf Drängen seines Vaters endlich seine Studien abschließen wird. Von März 1770 bis August 1771, also nur knapp eineinhalb Jahre, lebt Goethe in *Straßburg*. Hier lernt er Menschen kennen, die für ihn und seine literarische Entwicklung sehr wichtig werden: Johann Gottfried Herder, den jungen Jakob Michael Reinhold Lenz, Heinrich Leopold Wagner, Johann Heinrich Jung, genannt Stilling, und andere. Straßburg wird zum ersten literarischen Zentrum des Sturm und Drang, im Bewusstsein späterer Generationen gilt es dann zunehmend mehr als dessen eigentliches Zentrum.
Vieles kommt hier zusammen. Anregung und geistiger Austausch: Für den 21-jährigen Goethe wird vor allem die Begegnung mit dem 5 Jahre älteren Herder entscheidend (vgl. S. 76f. und 114f.). Der neue Blick auf die schöpferische Kraft des Künstlers, der Genie-Gedanke und die Begeisterung für das große Vorbild Shakespeare, die Bereitschaft, die Geschichte der Völker neu zu sehen und zu bewerten und, damit verbunden, ein neu erwachendes Interesse an der Poesie der Völker – Herder vermittelt in all diesen Grundgedanken der neuen Bewegung die entscheidenden Anstöße. Literarisch kommt dieses neue Denken und Schreiben zuerst in der Lyrik zum Ausdruck. Die in dieser Zeit entstehenden Gedichte des jungen Goethe, darunter insbesondere „Es schlug mein Herz" (mit dem späteren Titel „Willkommen und Abschied") oder „Maifest", gehen als „Sesenheimer Lieder" in die Literaturgeschichte ein (vgl. Kap. 7.2.3). Die kurze, aber intensive Beziehung Goethes zu der Sesenheimer Pfarrerstochter Friederike Brion, von Goethe aus der Rückschau des Alters in „Dichtung und Wahrheit" geschildert, trägt ihrerseits dazu bei, dass diese Straßburger Zeit und die damals entstandenen Gedichte in der Nachwelt besonders lebendig bleiben.
Wie der Sturm und Drang sich in einigen wenigen Jahren als eine literarische Bewegung konstituiert, dies ist ein für die deutsche Literatur völlig neuer Vorgang. Die gemeinsamen Überzeugungen und Ziele, eine Tendenz, sich in kleinen literarischen Zirkeln zusammenzusetzen, vor Freunden zu lesen und miteinander zu diskutieren, intensive Briefwechsel zu pflegen, eine gemeinsame Sprache zu sprechen – all dies fördert das Bewusstsein, einer Gruppe anzugehören, in der man sich miteinander verbunden fühlt.

Diese Gruppe hat nicht nur ihre eigene Zeitschrift, die „Frankfurter Gelehrten Anzeigen“, 1772 und 1773 von Merck herausgegeben, sondern spätestens seit Goethes großen literarischen Erfolgen auch ein eigenes Publikum. Der „Götz von Berlichingen“ erscheint 1773, „Die Leiden des jungen Werthers“ ein Jahr später: Von nun an hat der Sturm und Drang Anhänger, die die neue Literatur geradezu enthusiastisch feiern, wie auch andererseits Gegner, die die jungen „Genies“ und ihre literarischen Produkte ebenso nachhaltig kritisieren.

Der Sturm und Drang hat *keine systematische Poetik* entwickelt. Es lassen sich jedoch einige Schriften und Abhandlungen nennen, die für das neue literarische Programm in besonderer Weise positionsbildend sind. Der von Herder herausgegebene Sammelband „Von deutscher Art und Kunst“ (1773), der neben Herders eigenem „Shakespeare“-Aufsatz auch Goethes Schrift „Von deutscher Baukunst“ enthält, Goethes Rede „Zum Shakespearstag“ (1771) und die „Anmerkungen übers Theater“ von Lenz (1771–1774) gehören dazu, auch Schillers Abhandlungen über das deutsche Theater, vor allem sein Aufsatz „Die Schaubühne als eine moralische Anstalt betrachtet“ (in einer ersten Fassung 1785 erschienen), jedoch mit der Einschränkung, dass hier die aufklärerische Tradition sehr viel stärker zum Ausdruck kommt als in den anderen Beiträgen.

In den genannten programmatischen Abhandlungen des Sturm und Drang stehen einige Kategorien und Begriffe im Mittelpunkt, die bereits in der Ästhetik der Aufklärung eine wesentliche Rolle spielen, nunmehr aber spezifische Bedeutungserweiterungen bzw. Umwertungen erfahren. In der neuen *Genielehre* treten die Veränderungen besonders deutlich hervor. Im Sinne Gottscheds hat ein Dichter Genie, wenn er Witz, Scharfsinn, Einbildungskraft, Gelehrsamkeit und Geschmack in sich vereinigt, Fähigkeiten, deren Zusammenwirken die Vernunft besorgt. Bei Herder, Goethe, Lenz u. a. erfährt der Begriff demgegenüber eine wesentliche Bedeutungserweiterung, indem er für die keinerlei ästhetischen oder politisch-moralischen Normen unterworfene Schaffenskraft des Künstlers steht und damit für dessen Individualität, die neben der Vernunft nun auch die gesamten emotionalen Kräfte mit umfasst. „Kraft“, „Empfindung“, „Gefühl“, „Liebe“, „Herz“, Individualität als Einheit von Geist, Seele und Leib – das sind die zentralen Vorstellungen. Ihnen liegt ein ganzheitliches Menschenbild zugrunde, in dem „Sinne und Leidenschaften“ nicht mehr als wider die Harmonie der Vernunft agierende Störelemente, sondern als produktive Kräfte begriffen werden. In diesem Sinne spielt der Sturm und Drang also nicht das Gefühl gegen den Verstand aus, sondern er fordert die Verwirklichung und Entfaltung aller menschlichen Kräfte und Fähigkeiten.

Was für den Menschen allgemein gilt, gilt für den *Künstler* in besonderer Weise. Die Analogie zu einer göttlichen Schöpferkraft wird immer bemüht, um den besonderen Anspruch dieses Konzepts zu verdeutlichen. Wie Gott als „Poet am Anfang der Taten" (Hamann) die Natur und den Menschen geschaffen hat, so verwirklicht sich der Künstler im Kunstwerk. Der Künstler als ein zweiter Prometheus: Goethe hat in seiner bekannten Hymne (1774) dafür ein Beispiel gegeben. Shakespeare, Homer, Ossian – das sind die großen literarischen Vorbilder. In ihren Werken sieht man Natur als organische Ganzheit, so wie Goethe sie auch im Straßburger Münster entdeckt, einem Denkmal gotischer Baukunst, die bislang dem öffentlichen Zeitgeschmack eher als Beispiel für Un-Kunst galt. Gerade hier wird deutlich, wie die Neubestimmung der ästhetischen Kategorien auf dem Hintergrund und in Opposition zu der höfischen Repräsentativkunst erfolgt, wie sie zum Beispiel in der französisch-klassizistischen Tragödie immer noch bestimmend für die Theaterpraxis in den Residenzstädten war und gegen die sich die neue Literatur nur allmählich durchzusetzen vermag.

Herder schafft auch die Grundlage für ein neues *Geschichtsbewusstsein*. Während die Aufklärung den Geschichtsprozess im Sinne einer kontinuierlichen Fortschrittsbewegung interpretiert, die im Zeitalter der Vernunft ihren „natürlichen" Höhepunkt erreicht hat, kehrt Herder die Bewertung der historischen Entwicklung eher um. Er überträgt das Modell der Lebensabschnitte des Menschen von der Kindheit bis zum Alter auf den Geschichtsprozess und unterscheidet das „goldene Zeitalter der kindlichen Menschheit" (die frühen Hochkulturen), die „Knabenzeit" (Ägypten), die „Jünglingszeit" (Griechenland) und schließlich das „Mannesalter" (Römisches Reich), dem nach einer Phase des Verfalls in der ritterlichen Kultur des Mittelalters eine neue Blüte folgt.

In dieser Vorstellung wird die eigene Zeit wieder zu einer Zeit des Niedergangs, deren „Papierkultur" immer wieder beklagt wird. Im bloßen Räsonnement und mechanischen Denken, dem „Geist der neueren Philosophie", zeigt sich Herder vor allem Erstarrung, die es mit den Mitteln der Kunst aufzubrechen gilt. Erstarrt sind in anderer Weise aber auch die tradierten Formen der Literatur. Deshalb wendet der Sturm und Drang sich mit aller Leidenschaft gegen jede normativ-systematische Poetik.

Für die *Lyrik* bedeutet das, dass einfache, volkstümliche Formen dominieren. Die Begeisterung des Sturm und Drang für jede Art von Volkskunst bewirkt ein besonderes Interesse am Volkslied (Goethe, Herder, Bürger u.a.), an der Romanze und Ballade (Goethe, Hölty, Bürger u.a.). Nicht die möglichst kunstvolle Nachahmung der überlieferten lyrischen Form, sondern die möglichst ausdrucksstarke Vermittlung authentischer Erfahrung wird jetzt zur obersten Norm. Das schließt, wie besonders Schubart und Bürger zeigen, die Integration kritisch-aufklärerischer Momente keineswegs aus. Im Bereich des *Romans* setzt sich, sieht man von der Ausnahme des „Werther“ ab, die Tradition der aufklärerischen Literatur am deutlichsten fort. Anders dagegen im *Drama*, der zweifellos bevorzugten Gattung des Sturm und Drang. Die Ablehnung der klassisch-französischen Regeltragödie, durch Lessing bereits weitgehend vorbereitet, und die Orientierung am Theater Shakespeares erfolgen nun besonders kompromisslos. Goethes „Götz von Berlichingen“, im Druck 1773 erschienen, liefert sofort das Muster für eine neue Form des nationalen Theaters. Die Kurzszenentechnik, eine mehrsträngige Handlungsführung und eine individualisierende Sprache stehen, wie die erregt geführte Diskussion über den „Götz“ zeigt, in deutlichem Kontrast zu den überlieferten Normen des aufklärerischen Theaters.

4 Literatur als Medium der Kritik: kleine literarische Formen

Den Herrschaftsanspruch der Kritik im Zeitalter der Aufklärung hat *Kant* (1724–1804) in der Vorrede zu seiner „Kritik der reinen Vernunft" eindeutig ausgesprochen:

„Unser Zeitalter ist das eigentliche Zeitalter der Kritik, der sich alles unterwerfen muss. Religion durch ihre Heiligkeit und Gesetzgebung durch ihre Majestät wollen sich gemeiniglich derselben entziehen. Aber alsdann erregen sie gerechten Verdacht wider sich und können auf unverstellte Achtung nicht Anspruch machen, die die Vernunft nur denjenigen bewilligt, was ihre freie und öffentliche Prüfung hat aushalten können." (Die Bemerkung fehlte – nach dem Tod Friedrichs des Großen – in der Vorrede zur zweiten Auflage 1787.)

Der Ausdruck „critique" hat sich im Laufe des 17. Jahrhunderts eingebürgert. Man versteht unter ihm die Kunst einer sachgerechten Beurteilung, die sich besonders auf die antiken Texte bezieht. Das Wort wird zunächst von den Humanisten verwandt, Urteilsfähigkeit und gelehrte Bildung sind ihm zugeordnet. Als man die philologische Methode auf die Heilige Schrift ausweitet, nennt man auch dieses Verfahren „Kritik". Man ist kritisch und christlich zugleich und setzt sich ab gegen ungläubige Kritik durch deren Bezeichnung als „criticaster". Die Kritik steht noch im Dienst der religiösen Parteien. Es bildet sich im Zuge der Textkritik an der Heiligen Schrift aus den religiösen Streitigkeiten eine neue Front heraus, die daraus entsteht, dass sich die Vertreter der einander feindlichen Kirchen einem ihnen allen gemeinsamen Gegner gegenübersehen. Es ist die Front zwischen Vernunft und Offenbarung, die die erste Hälfte des 18. Jahrhunderts bestimmt hat.
Bayle (1647–1706), ein Geschichtsphilosoph, sagt:

„Man muss notwendig zu dem Schluss kommen, dass jedes einzelne Dogma, ob man es nun als in der Heiligen Schrift enthalten ausgibt oder sonst aufstellt, falsch ist, wenn es von klaren und deutlichen Erkenntnissen der Vernunft widerlegt wird, besonders, soweit es sich um die Macht handelt ..."

Die Bereiche der Vernunft und der Religionen werden kritisch getrennt, gerade um die Herrschaft der Vernunft und das Vorrecht der Moral über die Religionen zu sichern.
Dagegen zieht Bayle der Kritik ganz entschieden eine zweite, eine andere Grenze, die sie nicht überschreiten darf; die eine vernünftige Kritik, gerade weil sie vernünftig ist, gar nicht überschreiten kann. Es ist ihre Grenze gegen den Staat.
Mag die Herrschaft im Staat gerecht oder ungerecht sein, immer sei es ein Verbrechen, sich gegen sie zu erheben. Es sei der Tag zu hoffen, dass sich

die Suche nach Objektivität in die Politik übertragen ließe. Bayle unterscheidet zwischen der richtenden Instanz der Kritik und der politischen Zuständigkeit des Staates.
Auch *Voltaire* (1694–1778) beruft sich auf diese Scheidung, um den unpolitischen Charakter seiner Kritik zu begründen. Was er treibe, sei Kunstkritik. Indem Voltaire literarische, ästhetische und historische Kritik übt, kritisiert er aber in seinen Schriften indirekt die Kirche und auch den Staat. Damit gewinnt seine Kritik eine politische Bedeutung. Die Politik der absolutistischen Staaten wird in den Prozess der Kritik hineingenommen. Damit entsteht aus der Kritik, die ihren scheinbar unpolitischen Prozess führt, ein Prozess zwischen dem „règne de la critique" und der Herrschaft des Staates. Scheinbar unpolitisch und überpolitisch, ist sie tatsächlich doch politisch.

„Wenn, ohne falsch zu sein, man nicht alles das schreibt, was man tut, dann, ohne inkonsequent zu sein, tut man auch nicht alles, was man schreibt."

In dieser Äußerung *Diderots* (1713–1784) wird eine dritte Welt innerhalb des 18. Jahrhunderts deutlich. Die Kritik ist so souverän geworden, dass sie weiterherrscht auch ohne die Personen, die sie ausgelöst haben. Die Schriften verbergen nicht nur die wahren Gedanken des Autors, weil die staatliche Zensur ihn dazu zwingt, sondern in den Schriften findet der Mensch sich selbst nicht mehr wieder. Bezeichnend für das Dilemma, in das man dabei geraten kann, ist die Äußerung Friedrichs des Großen, die er 1742 seiner „Historie de mon temps" voranschickt:

„Ich hoffe, dass die Nachwelt, für die ich schreibe, den Philosophen in mir vom Fürsten und den anständigen Menschen vom Politiker unterscheiden wird."

4.1 Kritik und Satire im 18. Jahrhundert

Zur Theorie der Satire
Johann Christoph Gottsched: Versuch einer kritischen Dichtkunst vor die Deutschen. Des II. Theils VI. Capitel: Von Satiren (1730)
Georg Christoph Lichtenberg: Vermischte Schriften (1800–1806)

Satirische Werke
Christian Ludwig Liscow: Eines berühmten Medici glaubwürdiger Bericht von dem Zustande, in welchem er den (S. T.) Herrn Prof. Philippi den 20ten Juni 1734 angetroffen
Gottlieb Wilhelm Rabener: Sammlung satirischer Schriften (1751–1755)

Die Satire hat im 18. Jahrhundert eine große Bedeutung. Sie ist keine Gattung, sondern eine Empfindungs- und Schreibweise. Spätestens seit *Schillers* Essay *„Über naive und sentimentalische Dichtung"* ist die Satire theoretisch aus der Bindung an ein abgegrenztes Genre gelöst und eindeutig als „Empfindungsweise" definiert worden. Indem Schiller die Satire der sentimentalischen Dichtung zuordnet, einer aus der Spannung des Dichters zur Natur entspringenden Empfindungsweise, begründet er sie als eine dichterische Erkenntnisform, die zwar letztlich zu bestimmten künstlerischen Verfahrensweisen führen wird, die aber nicht einfach durch die Wahl einer literarischen Form, sondern aus dem Verhältnis des Autors zur Wirklichkeit definiert wird:

> „Satirisch ist der Dichter, wenn er die Entfernung von der Natur und den Widerspruch der Wirklichkeit mit dem Ideal [...] zu seinem Gegenstand macht [...]. In der Satire wird die Wirklichkeit als Mangel dem Ideal als der höchsten Realität gegenübergestellt."

Die satirische Schreibweise erscheint so im 18. Jahrhundert in vielerlei Formen: als Sinnspruch, als Fabel, als Brief, als Abhandlung. Schließlich greift das Satirische auf den Roman und das Lustspiel über. Während die Satire des Mittelalters und der frühen Neuzeit sich eher streitend und strafend versteht, wendet sich der Satiriker der Aufklärung in höherem Maße der scherzhaft-heiteren Satire zu.

Auch die Maßstäbe der Kritik, die in der Satire geübt wird, ändern sich mit der Aufklärung. Im 16. und 17. Jahrhundert wird der Zustand der Welt oder die Moral der Gesellschaft nicht aus ihren eigenen Bedingungen satirisch erfasst, sondern der Satiriker bezichtigt sie ihres grundsätzlichen Unwertes gegenüber dem christlichen Menschenbild und der göttlichen Weltordnung. *Gottsched* steht in seiner theoretischen Bestimmung durchaus noch in dieser Tradition. In seinem *„Versuch einer kritischen Dichtkunst vor die Deutschen. Des II. Theils VI. Capitel: Von Satiren"* heißt es:

> „Sie ist nehmlich ein moralisches Strafgedichte über einreissende Laster, darinn entweder das lächerliche derselben entdecket, oder das abscheuliche Wesen der Bosheit mit lebhaften Farben abgeschildert wird. [...] Man kann also sagen, die Satire sey das Gegentheil von den Lobgedichten, welche nur die guten und löblichen Thaten der Menschen abschildern und erheben [...]."

Hier wird die Satire noch als Strafgedicht verstanden, doch wenden sich die Satiriker der Aufklärung immer mehr der scherzhaft-heiteren Satire zu, mit der sie das Ziel der Besserung leichter zu erreichen glauben.

An einer erzieherischen Wirkung der Satire wird im Laufe des Jahrhunderts festgehalten. Sie steht auch bei anderen Theoretikern im Dienst der Wahrheit, man erwartet, dass durch die lächerliche Darstellung von Torheiten andere von gleicher „Unvernunft" abgeschreckt werden. Die Satire soll weniger lehren als bilden. Sie schult das Erkenntnisvermögen und hilft die Wirklichkeit zu durchschauen. In letzter Konsequenz solcher Entwicklung sollen im satirischen Text Urteil und Bewertung nicht mehr direkt erscheinen, sondern dem Leser überlassen werden.

„Die erste Satire wurde aus Rache gemacht. Sie zur Besserung seiner Nebenmenschen gegen die Laster und nicht gegen den Lasterhaften zu gebrauchen, ist schon ein geleckter, abgekühlter, zahm gemachter Gedanke." (Lichtenberg: Aphorismus)

Bei *Lichtenberg* tritt dann auch die in der zweiten Hälfte des 18. Jahrhunderts immer häufiger aufkommende Forderung auf, die Wirkungsabsicht des „prodesse" auf den Umwegen des „delectare" zu verwirklichen. Für Lichtenberg ist Satire ohne „Witz" undenkbar.
Die satirische Dichtung spiegelt die Entwicklung in der Auffassung von der Satire und ihrer Aufgabe wider; allerdings ist es unmöglich, alle Spielarten des Satirischen im 18. Jahrhundert in einem Entwicklungsstrang zu erfassen.

Liscow ist der erste große Satiriker der Aufklärung, bewegt sich jedoch mit seinen persönlichen Satiren an der Grenze, auf der Satire ins Pasquill (Schmähschrift) umschlägt, und er hat dieses Genre wohl auch in einigen seiner Schriften überschritten. Bereits zu Lebzeiten wird ihm bei der satirischen Auseinandersetzung mit dem Gelehrten Philippi der Vorwurf gemacht, er schreibe gegen einen ihm Unbekannten, und zwar auf Betreiben seiner Freunde, er schreibe anonym, nenne aber seinen Gegner beim Namen und bediene sich skrupelloser Methoden (etwa Veröffentlichungen von privaten Manuskripten Philippis) bis hin zur völligen Vernichtung des Gegners. Und wirklich geht Liscow so weit, der vernichtenden Kritik an Philippis Veröffentlichungen – er ist ein Vielschreiber und Gegner der wolffschen Philosophie – den Rest zu geben. Die Satire „Eines berühmten Medici glaubwürdigen Bericht von dem Zustande, in welchem er den (S. T.) Herrn Prof. Philippi den 20ten Juni 1734 angetroffen" bezieht sich auf eine Wirtshausschlägerei, in die Philippi verwickelt und dabei von zwei preußischen Offizieren derart zugerichtet worden war, dass man ihn nach Hause tragen musste. Liscow in der Rolle des Arztes stellt ein Attest über Philippis Tod aus, nachdem er ihn all seine Schriften hat bereuen lassen.

Rabener vertritt die Ansicht, dass sich die Satire vom Pasquill, der Schmähschrift, unterscheiden müsse, und er verteidigt die allgemeine, gefallende Satire gegen die persönliche Satire:

„Es ist wahr, es gibt in allen Ständen Thoren, aber die Klugheit erfordert, dass man nicht alle tadle, ich werde sonst durch meine Übereilung mehr schaden, als ich durch meine billigsten Absichten nützen kann."

Die beiden Satiren „Versuch eines deutschen Wörterbuches" und „Beytrag zum deutschen Wörterbuche" sind eine Ausprägung der für Rabener typischen Listenform, in der alle möglichen Torheiten eine nach der anderen behandelt werden. Unter dem Stichwort „Verstand" z. B. sammelt er Redewendungen zu dem Begriff. Er kommt bei der Deutung dieser Redensarten zu dem Schluss, dass der Mensch ohne Verstand nichts anderes ist als ein Armer. Er mag sonst alles haben, es hilft ihm nichts.

In *Lichtenbergs* Satiren wird zwar niemals ausdrücklich von der Sittlichkeit gesprochen, und doch ist er auch ein Moralsatiriker. In seinem Pseudodialog zwischen einem Hofrat und einem Auditor demaskiert er die Charakterlosigkeit und Unmoral in ihrer Sprache. Das Zerrbild des Gesprächs ist das Geschwätz. Im Geschwätz sucht die Sprachlosigkeit sich zu artikulieren. Es bildet, stilistisch gesehen, den Gegensatz zum individuellen Ausdruck; moralisch gesehen ist die „Konversation" verloren und nichtig. Die Unverbindlichkeit der Konversation wird in dem Pseudodialog von Lichtenberg bloßgestellt. Mit der Sprachkritik verbindet sich bei ihm das vergnügliche Sprachspiel:

„Hofrath Y: Wie ist denn zeithero das Befinden gewesen?
Auditor X: Ihnen aufzuwarten noch zur Zeit recht wohl.
Y: Der Herr Vater und Frau Mutter sind doch auch noch wohl?
X: Ihnen aufzuwarten, es geht ja Gottlob so an. –
Sie lassen sich beiderseits gehorsamst empfehlen.
Y: Danke gehorsamst ..."

Das Publikum des Satirikers stammt fast ausschließlich aus den gebildeten Schichten des städtischen Bürgertums. Zwischen diesem Publikum und dem Autor besteht ein Konsens in den Wert- und Normvorstellungen. Es ist aufschlussreich, festzustellen, in welchen Verklausulierungen, Verallgemeinerungen, Verhüllungen die Satire die Wirklichkeit kritisiert, um der Zensur zu entgehen.

4.2 Kritik und Fabel im 18. Jahrhundert

Christian Fürchtegott Gellert: Fabeln und Erzählungen (1746–1748)
Gotthold Ephraim Lessing: Fabeln. Drei Bücher nebst Abhandlungen mit dieser Dichtungsart verwandten Inhalts (1759)
Gottlieb Konrad Pfeffel: Fabeln und Erzählungen (1783)

Das Jahrhundert der Aufklärung bringt in Deutschland eine Flut von Fabeldichtungen und dichtungstheoretischen Äußerungen über den Zweck der Fabel hervor. Fabeln zu schreiben wird gewissermaßen Mode, da sie der wesentlichen Aufgabe der Aufklärung, der „Enthüllung der Wahrheit", dient. Die Fabel hat also zunächst einen pädagogischen Zweck. Mit dieser moralischen Zielrichtung löst sich die Fabeldichtung von der Bindung an vorwiegend religiöse Themen, wie sie vom Mittelalter bis zum Barock üblich ist. In dieser Zeit wird sie häufig wie biblische Gleichnisse in Predigten und Traktaten verwandt. Doch verringert sich in der zweiten Hälfte des 16. Jahrhunderts die Bedeutung der Fabel in Deutschland: Die Auflagen gehen zurück, Neubearbeitungen gibt es kaum noch. Bis etwa 1740 tritt die Gattung in eine „Latenzzeit" ein, in der sie der offiziellen Hochschätzung entbehren muss. Die höfische Kultur des Barock hat wenig Platz für die Fabel in ihrer Schlichtheit des Stils und der Aussage, in ihrem Wirklichkeitsbezug und dem Ziel, sich an jedermann zu wenden. Im absolutistischen Frankreich entstehen im 17. Jahrhundert jedoch die Fabeln von La Fontaine, die als Fabelsammlungen, begleitet von theoretischen Abhandlungen, nach Deutschland kommen.
Am Ende der Fabelabhandlung „Fabeln. Drei Bücher nebst Abhandlungen mit dieser Dichtungsart verwandten Inhalts" bestimmt *Lessing* die Fabel neu:

„Wenn wir einen allgemeinen moralischen Satz auf einen besonderen Fall zurückführen, diesem besonderen Falle die Wirklichkeit erteilen, und eine Geschichte daraus dichten, in welcher man den allgemeinen Satz anschauend erkennen kann: so heißt diese Erdichtung eine Fabel."

Lessing entwickelt diese Fabeldefinition in der Auseinandersetzung mit früheren Erklärungen über Sinn und Form der Fabel. Innerhalb des 18. Jahrhunderts lässt sich ein Wandel der Fabelfunktion von naiver Moraldidaxe am Anfang über anschaulich amüsante Unterhaltung (Gellert) und zielgerichtete Erkenntnis (Lessing) bis zur engagierten politischen Dichtung (Pfeffel) feststellen. Die Fabel der Aufklärung wird vom Bürger zunächst für Bürger geschrieben.

Gellert ist erster Exponent des sich wandelnden gesellschaftlichen Bewusstseins im 18. Jahrhundert. Seine Fabeln richten sich bereits gegen die Auswüchse des aufstrebenden bürgerlichen Erwerbslebens. Der Fürst und der Feudalstaat sind für Gellert unantastbar. Für den Wert des Bürgers ist entscheidend, wie treu er dem Staate dient. Gellert versucht, eine gesellschaftliche Anpassungslehre auf „galante" Weise zu entwickeln.

Bei *Lessing* fehlt das unterhaltsam Gefällige. Er hält sich an die epigrammatische Kürze im Dienst der Erkenntnisgewinnung. Lessings Fabeln setzen sich nirgendwo explizit mit der zeitgenössischen Realität auseinander. Sie enthalten nicht Beobachtungen, sondern moralische Sätze – gewonnen aus der Tradition der spöttischen Verallgemeinerung typischer Verhaltensweisen. Gleichwohl können seine Fabeln als realistisch gelten, weil sie sich zugleich, wenn auch indirekt, mit der unidealen banalen Realität beschäftigen. Historischer Hintergrund dieser Beschäftigung ist die Konfrontation traditioneller ständischer Über- und Unterordnung mit dem aufkommenden Gleichheitsstreben. Lessings aufklärerische Fabeln lösen die traditionelle Perspektive „von unten" auf die Chancen des Überlebens hin auf in einen unparteiischen Überblick über „beide Seiten".

Dabei geht es ihm mehr um die Erkenntnis des Systems, welches dieses Oben und Unten hervorbringt, als um die erfolgreiche Anpassung oder Aufhebung der Unteren. Gleichwohl gibt es Fabeln Lessings, die die ständische Ordnung des Feudalabsolutismus in ihren Grundlagen in Frage stellen, indem sie scharf die Ideologie des „ehrenhaften" Dienstes, mit dem sich das Bürgertum in diese Ordnung einfügt, kritisieren.

Der Aufbau der Lessing-Fabeln steht in engem Zusammenhang mit seinen theoretischen Überlegungen zur Gattung, und zwar in intentionaler wie in formaler Hinsicht:

Der proklamierte Zweck der Fabel, einen „allgemeinen moralischen Satz" „anschauend" zu Erkenntnis zu bringen, zeigt, dass sich Lessing der Möglichkeit der Fabel bewusst war, durch die Darstellung eines fiktiven Vorgangs auf die Realität zu verweisen. Die Prinzipien, die er dabei für wichtig erachtet (– allgemeiner moralischer Satz – Zurückführung auf einen besonderen Fall – Ausstattung dieses Falles mit „Wirklichkeit" – Erdichten einer Geschichte daraus – anschauende Erkenntnis –), drücken in der Begrifflichkeit die Beziehungen zwischen diesen beiden Sphären (der fiktiven und der nichtfiktiven) aus: Die „Geschichte" muss so konstruiert sein, dass sie in jedem Fall die „anschauende Erkenntnis" fördert. Deshalb zeichnen sich Lessings Fabeln formal in besonderer Weise durch die Kürze aus, weil die Bildrede in knappem und präzisem Vortrag am zweckmäßigsten dieser Intention dienlich sein kann.

In der Reduzierung des Geschehens auf ein szenisches Bild liegt die Möglichkeit der Straffung und des zielstrebigen Hineilens auf ein Fazit, das die Erkenntnis vermittelt. Dieses Fazit ist bei Lessing meistens in einer durch den Dialog (den Lessing wohl ebenfalls wegen seiner Reduktionsleistung favorisiert hat) gestalteten Pointe enthalten.
Die Aussage des letzten Dialogpartners artikuliert die beabsichtigte Einsicht so, dass sie zwar durch bewusste Aussparung angedeutet wird, dass es aber dem Leser überlassen bleibt, das Fazit aus der treffenden Schlussaussage selbst zu ziehen.
Die inhaltlich-thematische Variation, die Lessing gegenüber seinen Vorlagen vornimmt, liegt hauptsächlich in der Auflösung der klassischen Tiertypik, die bis dahin das Feld der Fabelbearbeitungen beherrscht hat. Lessing versteht sich als Kritiker, nicht als Revolutionär, denn er ruft ja nicht dazu auf, die Macht zu brechen, sondern er will den Schwachen zur Erkenntnis verhelfen, wo die Blößen der Mächtigen liegen.
Diese gemäßigte Haltung Lessings kann seine „Tanzbär-Fabel" im Vergleich zu den Fassungen des gleichen Motivs bei Gellert und Pfeffel verdeutlichen. Alle drei Fassungen stehen in der bürgerlichen Aufklärungs-Anschauung, sich von theologisch-religiöser Bevormundung zu lösen. Bei *Gellert* geht es um die Demonstration zweier menschlicher Schwächen, die das bürgerliche Zusammenleben stören könnten (Neid und Prahlsucht):

> [...]
> Sei nicht geschickt, man wird dich wenig hassen,
> Weil dir dann jeder ähnlich ist;
> Doch je geschickter du vor vielen andern bist,
> Je mehr nimm dich in acht, dich prahlend sehn zu lassen.
> Wahr ist's, man wird auf kurze Zeit
> Von deinen Künsten rühmlich sprechen;
> Doch traue dich, bald folgt der Neid
> Und macht aus der Geschicklichkeit
> Ein unvergebliches Verbrechen.

Dagegen kritisiert *Lessing* nicht mehr allgemein menschliches Verhalten, sondern einen sozialen Typ seiner Zeit, indem er den Tanzbären zum Höfling werden lässt:

> Der Tanzbär
>
> Ein Tanzbär war der Kett' entrissen,
> Kam wieder in den Wald zurück,
> Und tanzte seiner Schar ein Meisterstück
> Auf den gewohnten Hinterfüßen.
> „Seht", schrie er „das ist Kunst; das lernt man in der Welt.
> Tut es mir nach, wenn's euch gefällt,

> Und wenn ihr könnt!“ – „Geh“, brummt ein alter Bär,
> „Dergleichen Kunst, sie sei so schwer,
> Sie sei so rar sie sei,
> Zeigt deinen niedern Geist und deine Sklaverei.“
>
> Ein großer Hofmann sein,
> Ein Mann, dem Schmeichelei und List
> Statt Witz und Tugend ist;
> Der durch Kabalen steigt, des Fürsten Gunst erstiehlt,
> Mit Wort und Schwur als Komplimenten spielt,
> Ein solcher Mann, ein großer Hofmann sein,
> Schließt das Lob oder Tadel ein?

Diese Kritik ist jedoch weit entfernt von der Haltung *Pfeffels*, dessen Fabel sich im Gefolge der Französischen Revolution (also gut 30 Jahre später) eindeutig auf die Seite der Unterdrückten stellt und deren Interessen agitatorisch vertritt: Pfeffels Tanzbär wird zum Paradigma für den unfreien Menschen, der gewaltsam die Ketten seiner Knechtung zerbricht:

> Ihr Zwingherrn, bebt! Es kömmt ein Tag,
> An dem der Sklave seine Ketten
> Zerbrechen wird, und dann vermag
> Euch nichts vor seiner Wut zu retten.

4.3 Sozialkritische Tendenzen der Volkspoesie

Johann Gottfried Herder: Auszug aus einem Briefwechsel über Ossian und die Lieder alter Völker (1771)
Christian Friedrich Daniel Schubart (Hrsg.):
Die deutsche Chronik (1774–1793)
Sämtliche Gedichte mit Vorbericht auf der Feste Asperg (1785–1787)
Gottfried August Bürger: Herzensausguss über Volkspoesie (1776)
Gedichte (1778)

Die kritische Funktion von Literatur gewinnt in den 70er- und 80er Jahren des 18. Jahrhunderts eine neue Dimension. Der Bruch zwischen der kulturbestimmenden Minderheit des adlig-großbürgerlichen Lesepublikums und der Masse des ungebildeten Volkes wird für die Stürmer und Dränger zunehmend zum Problem. Wenn auch die neuen Vorstellungen über Literatur und ihre Aufgabe in der Öffentlichkeit in vielem disparat und uneinheitlich sind, so kann die „literarische Revolution“ des Sturm und Drang doch auch als Versuch verstanden werden, mit der neuen Literatur über

den Kreis des bisherigen Lesepublikums hinaus breitere Schichten der Bevölkerung zu erreichen. Für das Ziel, über die literarische Darstellung Kritik öffentlich zu machen, bedeutet dies, dass nunmehr die geistreich-witzigen Formen der literarischen Kritik zurücktreten und stattdessen einfachere und volkstümlichere Formen der Darstellung gewählt werden. Die Begeisterung der jungen Autoren für die Formen und Gehalte der Volkspoesie, ihr Bestreben, die in den einzelnen Regionen weiterlebenden Volkslieder zu sammeln und diese Tradition im eigenen Werk fortzusetzen, ist Ausdruck dieser veränderten Einstellung.
Herders Theorie der Volksdichtung und seine Anstrengungen zum Sammeln alter Volkslieder, wie er sie in seinem „Auszug aus einem Briefwechsel über Ossian und die Lieder alter Völker“ 1771 darlegt, beeinflussen nicht nur Goethe und den Straßburger Kreis des Sturm und Drang.

Auch *Bürger*, ein dem Göttinger Hain nahe stehender Autor, sieht sich durch Herders Hochschätzung der Volksdichtung in seinen eigenen Vorstellungen bestätigt. In einem mit *„Herzensausguss über Volkspoesie“* programmatisch überschriebenen Beitrag (1776 veröffentlicht) klagt er, die Dichtkunst gebe sich in Deutschland zu gelehrt und orientiere sich zu sehr an ausländischen Vorbildern. Sie könne daher auch keine nationale Breitenwirkung entfalten. Für diese Fehlentwicklung – und das ist besonders aufschlussreich – macht Bürger nicht den unzureichenden Bildungsstand der Bevölkerung verantwortlich, sondern eine falsche Einstellung der Autoren ihrem Publikum gegenüber. Damit wendet er sich kritisch gegen ein überkommenes Literatur- und Kunstverständnis, dem selbst dort, wo es sich „bürgerlich“ gibt, noch ein elitäres Moment anhaftet. Bürger sieht nur einen Weg, der aus dieser Fehlentwicklung herausführt: Dichtung muss wieder echte Popularität gewinnen, eine Popularität, wie sie in seiner Einschätzung die „Ilias“ und die „Odyssee“ einmal für die Griechen gehabt haben. Das heißt aber, dass die Autoren wieder dort anknüpfen und lernen müssen, wo Volksdichtung nach wie vor lebendig ist, z. B. in den Liedern, wie sie „unter den Linden des Dorfs, auf der Bleiche und in den Spinnstuben“ immer noch gesungen werden.
Bürger hat insbesondere mit seinen Balladen versucht, dieses Programm einer auf Breitenwirkung zielenden Literatur zu verwirklichen. 1773 erscheint im „Göttinger Musenalmanach auf das Jahr 1774“ seine Ballade *„Lenore“*, ein Beispiel, das die Darstellungsmöglichkeiten dieser neuen Gattung und zugleich den Verfasser in Deutschland auf Anhieb bekannt macht.

„Der Stoff ist aus einem alten Spinnstubenliede gewonnen. […] Es sollte meine größte Belohnung sein, wenn es recht balladenmäßig und simpel komponiert, und dann wieder in den Spinnstuben gesungen werden könnte.“ (Bürger an Boie, 10. Mai 1773)

In der „Lenore" aktualisiert er die Volkssage eines Mädchens, das vergeblich auf die Rückkehr des Geliebten aus der Schlacht wartet, indem er das Ende des Siebenjährigen Krieges und die Rückkehr der Truppen nach dem Frieden von Hubertusburg 1763 als Handlungsrahmen nimmt. Schon die zweite Strophe lässt erkennen, auf welche Weise die volkstümliche Darstellung sozialkritische Gehalte vermittelt:

> Der König und die Kaiserin
> Des langen Haders müde
> Erweichten ihren harten Sinn
> und machten endlich Friede.

Wenn Lenore ihren geliebten Wilhelm unter den zurückkehrenden Soldaten vergeblich sucht und über die Einsicht, dass der Krieg ihr mit dem Geliebten jeden Lebensinhalt genommen hat, an Gott und der Welt verzweifelt, dann steht sie als Beispiel dafür, wie das Lebensglück der kleinen Leute durch den „Hader" der Großen zerstört wird. Lenore – und das macht sie zu einer charakteristischen Figur der Sturm-und-Drang-Dichtung – ist nicht mehr bereit, die Mahnungen der Mutter zu akzeptieren und ihr Leid als gottgewollte Prüfung hinzunehmen. Sie rebelliert gegen die christlich verbrämten kleinbürgerlichen Moralvorstellungen der Mutter und damit gegen eine der wichtigsten Stützen feudaler Herrschaft. Zwar wird Lenore für diese Vermessenheit am Schluss der Ballade bestraft, und insofern wird die kritische Perspektive noch einmal abgeschwächt, dennoch wirkt die rebellische Geste über den beschwichtigenden Schluss hinaus.
Noch direkter kommt die sozialkritische Anklage in der Ballade *„Des Pfarrers Tochter zu Taubenhain"* (1781) zum Ausdruck, in der Bürger das für die Literatur des Sturm und Drang so bedeutsame Motiv des Kindesmords aufgreift (s. Kap. 5.3). Die Kritik gilt zunächst der Gestalt des zynisch-gewissenlosen Junkers von Falkenstein, der seine sozial privilegierte Stellung dazu missbraucht, die junge, lebensunerfahrene Pfarrerstochter zu verführen und sie ins Elend zu stürzen. Kritisiert wird aber auch der hartherzige Pfarrer („ein harter und zorniger Mann") als Vater des Mädchens, der, als er von der Schwangerschaft erfährt, die Tochter brutal misshandelt und sie aus dem Hause weist. Bürger gibt hier ein deutlich anderes Vaterbild, als es sonst in der Literatur der Zeit, vor allem im Bürgerlichen Trauerspiel erscheint. Es fehlt die liebevolle Zuneigung, die bei allem Beharren auf den sittlich-moralischen Grundsätzen immerhin Verständnis für die Tochter ermöglicht; geblieben ist nur noch der moralische Rigorismus, mit dem der Fehltritt bestraft wird. Mit dieser Kritik zielt Bürger auf die gesamte kirchliche Orthodoxie, die sich allen Bestrebungen einer Strafrechtsreform im Sinne einer liberaleren Verfolgung des Kindesmords besonders hartnäckig widersetzte.

Bürgers Kritik gilt aber letztlich einer staatlich-gesellschaftlichen Ordnung, die das Opfer der Verführung mit dem Tode bestraft, während der eigentlich Schuldige ungestraft davonkommt. Im Bild der nach ihrem Tod unerlöst umherirrenden armen Seele wird eine solche Ordnung als soziale Unordnung bloßgestellt. Es ist daher nur konsequent, wenn Bürger auf ein öffentliches Schuldbekenntnis der Kindermörderin verzichtet.

Radikaler noch als in seinen Balladen hat Bürger seine Kritik an den Verhältnissen in einem Gedicht artikuliert, in dem er die Klagen über fürstliche Willkürherrschaft einem Bauern in den Mund legt. 1776 unter dem Titel „Der Bauer an seinen Fürsten" veröffentlicht, erhält es 1789 in der zweiten Ausgabe von Bürgers Gedichten seine endgültige Fassung. Die neue Überschrift „Der Bauer. An seinen Durchlauchtigen Tyrannen" rückt in der paradoxen Anrede die kritische Tendenz bereits ironisierend in den Blick. Dreimal fragt der Bauer nach der Rechtfertigung jener Herrschaftspraktiken, die er als Untertan zu erdulden hat und über die seit den Bauernkriegen des 16. Jahrhunderts immer wieder Beschwerden laut geworden waren:

Der Bauer
An seinen durchlauchtigen Tyrannen

Wer bist du, Fürst, dass ohne Scheu
Zerrollen mich dein Wagenrad,
Zerschlagen darf dein Ross?

Wer bist du, Fürst, dass in mein Fleisch
Dein Freund, dein Jagdhund, ungebleut
Darf Klau' und Rachen haun?

Wer bist du, dass durch Saat und Forst
Das Hurra deiner Jagd mich treibt,
Entatmet, wie das Wild? –

Die Saat, so deine Jagd zertritt,
Was Ross und Hund und du verschlingst,
Das Brot, du Fürst, ist mein.

Du Fürst hast nicht, bei Egg' und Pflug,
Hast nicht den Erntetag durchschwitzt.
Mein, mein ist Fleiß und Brot! –

Ha! du wärst Obrigkeit von Gott?
Gott spendet Segen aus; du raubst!
Du nicht von Gott, Tyrann!

In den Schlussstrophen, wird der widerrechtliche und widernatürliche Charakter dieser Herrschaftspraxis als Anmaßung entlarvt und zurückgewiesen. Das Legitimationsprinzip des Gottesgnadentums kann nicht für Willkür und Unrecht in Anspruch genommen werden. Vielmehr legitimiert sich fürstliche Herrschaft nur dann, wenn sie zum Wohle der Untertanen erfolgt.

Auch *Schubart* wird – ähnlich wie Bürger – nicht direkt zum Kreis der Stürmer und Dränger hinzugerechnet. Wie dieser fühlt aber auch Schubart sich mit den jungen Autoren und ihrer neuen Literatur stark verbunden. Viele seiner Gedichte lassen inhaltlich und formal eine deutliche Nähe zu Bürger erkennen. Dies gilt zumindest für die Tendenz, zeitkritische Gehalte in einfachen, z. T. volksliedhaften Formen auszudrücken, wie sie in den bekanntesten seiner Gedichte zu beobachten ist.
In den 1787 entstandenen *„Kapliedern"* („Abschiedslied" und „Für den Trupp") greift Schubart das Motiv des Soldatenhandels auf, wie es wenige Jahre zuvor Schiller in „Kabale und Liebe" (s. Kap. 5.2) getan hat. Der aktuelle Anlass ist der Verkauf eines württembergischen Regiments an die Holländisch-Ostindische Kompanie zum Einsatz gegen die Engländer in Südafrika. Schubart schreibt dazu am 22. Februar 1787 an den Berliner Verleger Himburg:

„Künftigen Montag geht das aufs Vorgebirg der guten Hoffnung bestimmte württembergische Regiment ab. Der Abzug wird einem Leichenconducte gleichen, denn Eltern, Ehemänner, Liebhaber, Geschwister, Freunde verlieren ihre Söhne, Weiber, Liebchen, Brüder, Freunde – wahrscheinlich auf immer. Ich hab' ein paar Klaglieder auf diese Gelegenheit verfertigt, um Trost und Muth in manches zagende Herz auszugießen. Der Zweck der Dichtkunst ist, nicht mit Geniezügen zu prahlen, sondern ihre himmlische Kraft zum Besten der Menschheit zu gebrauchen."

Schon die erste Strophe des „Abschiedslieds" vermittelt einen Eindruck von der einfachen, aber ausdrucksstarken Sprache des Liedes:

Auf! auf! Ihr Brüder, und seyd stark!
Der Abschiedstag ist da.
Schwer liegt er auf der Seele, schwer!
Wir sollen über Land und Meer
Ins heiße Afrika.

Auch ohne die Fürsten und das Unrecht des Menschenhandels beim Namen zu nennen, vielleicht auch gerade deshalb, finden diese beiden Lieder in der von Schubart vertonten Fassung eine für die damalige Zeit ungewöhnliche Verbreitung. In anderen Gedichten kommt Schubarts politische Gesinnung sehr viel offener zum Ausdruck. Das „Freiheitslied eines Kolonisten" ist dafür ein bekanntes Beispiel. Hier ergreift Schubart bereits 1775 Partei für die amerikanischen Kolonisten und ihr Unabhängigkeitsstreben. Dabei grenzt

er das politisch-selbstbewusste Freiheitsstreben der Amerikaner scharf ab gegen das sich der Fürstenherrschaft sklavisch unterwerfende Europa.
Schubarts bekanntestes Gedicht ist wohl *„Die Fürstengruft"*. Es ist schwer zu entscheiden, ob der Text selbst oder die persönliche Situation des Autors bei der Niederschrift die zeitgenössische Wirkung des Gedichtes stärker beeinflusste. Das Gedicht entstand 1780 im vierten Jahr der Gefangenschaft Schubarts auf dem Hohenasperg bei Ludwigsburg. Die Umstände seiner Verhaftung (man musste Schubart zunächst aus der Freien Reichsstadt Ulm auf Württemberger Gebiet locken, um ihn dort festnehmen zu können), die Einkerkerung ohne Gerichtsverfahren, ohne Darlegung der Gründe und ohne schriftliches Urteil hatten in Deutschland als Beispiel fürstlicher Willkürjustiz beträchtliches Aufsehen erregt. Seitdem hatte Schubart unter, vor allem anfangs, schärfsten Haftbedingungen (Isolationshaft, Besuchs- und Schreibverbot) die Jahre im Kerker verbracht. Nachdem 1780 die Hoffnungen auf Freilassung sich zerschlugen, diktierte Schubart einem Mann namens Fourier „Die Fürstengruft". Der Text gelangte auf nicht näher bekannte Weise an die Öffentlichkeit und wurde in der von Wieland herausgegebenen Zeitschrift „Teutsches Museum" gedruckt.
Auch dieses Gedicht thematisiert die Herrschaft deutscher Landesfürsten. Aus der Perspektive eines einsamen Wanderers, der „in der dunklen Verwesungsgruft" beim Anblick der „alten Särge" von Entsetzen gepackt wird, ruft Schubart die den Zeitgenossen bekannten Klagen über das Treiben der Großen in Erinnerung. Über diese Erinnerungen hinaus evoziert das Bild auch die Vision eines Jüngsten Gerichts:

> Wo Todesengel nach Tyrannen greifen,
> Wenn sie im Grimm der Richter weckt,
> Und ihre Gräu'l zu einem Berge häufen,
> Der flammend sie bedeckt.

Mit der Offenheit und Direktheit, mit der der Despotismus der Landesfürsten angeklagt wird, ist „Die Fürstengruft" ein ungewöhnliches Beispiel politischer Lyrik im späten 18. Jahrhundert. Mit dem Verweis auf die Vergänglichkeit ihrer Macht und die Wirksamkeit einer göttlichen Gerechtigkeit, der die Fürsten wie alle Menschen unterstellt sind, wird der Absolutheitsanspruch fürstlicher Herrschaft erneut relativiert und – wie bei Bürger – das Wohlergehen der Untertanen (sie sollen „satt und froh gemacht" werden) als das eigentliche Ziel dieser Herrschaft herausgestellt.

5 Selbstdarstellung des Bürgertums auf dem Theater

Der Gedanke, das Theater als Forum zur politisch-moralischen Selbstverständigung und damit als Medium einer Selbstdarstellung des Bürgertums zu nutzen, begleitet die Entwicklung eines bürgerlichen Dramas in Deutschland von den Anfängen der Theaterreform Gottscheds über Lessing bis hin zu den Stürmern und Drängern. Dabei richtet sich das Interesse einmal auf die Gründung eines deutschen Nationaltheaters, das sich institutionell sowohl von der Spielpraxis der Wanderbühnen als auch von den Hoftheatern der Residenzstädte abgrenzen soll. Zum andern konzentriert sich die Diskussion auf die für ein solches Theater geeigneten Stücke: Wenn das Theater ein Abbild der realen, bürgerlichen Welt liefern soll, müssen die dramatischen Formen der Tragödie und der Komödie diesem Darstellungszweck angeglichen werden.

Gottscheds Theaterreform prägt vor allem die beiden Jahrzehnte von 1730 bis 1750. Ziel seiner Arbeit war zunächst eine Anhebung des künstlerischen Niveaus des Theaters, wie er es in Leipzig durch die Aufführungen der „Sächsischen Hofkomödianten“ erlebte. Man spielte weitgehend Improvisationstheater, festgelegt waren lediglich die Rollen, wie sie vor allem aus der italienischen Commedia dell'Arte bekannt waren. Die Unterhaltungsbedürfnisse des Publikums, von dem man finanziell abhängig war, prägten weitgehend die Spielweise der Akteure. Diese selbst wie auch das Theater, das sie boten, genossen in der Öffentlichkeit ein eher zweifelhaftes Ansehen. Hier setzte Gottsched an. Im Mittelpunkt einer Aufführung sollten fortan Stücke stehen, die schon durch ihren literarischen Anspruch erkennen lassen, dass Theater mehr ist als bloßer Amüsierbetrieb. Diesem künstlerischen Anspruch haben sich Spielweise und Aufführungspraxis anzupassen. Was das Repertoire neuer Stücke betrifft, so entwickelte Gottsched nicht nur die Regeln nach dem Vorbild des französischen Klassizismus, er übersetzte und ließ auch selbst solche Vorlagen schreiben, die er unter dem Titel „Die deutsche Schaubühne“ in sechs Bänden 1741–1745 herausgab. Diese Mustersammlung von Dramen des komischen und, vereinzelt, tragischen Genres repräsentiert die so genannte Sächsische Typenkomödie zwischen 1740 und 1750.

Die Umsetzung seiner Theaterreform wurde schließlich nachhaltig gefördert durch Friederike Caroline Neuber, die seit 1727 als erste Prinzipalin der Theatergruppe in Leipzig mit Gottsched zusammenarbeitete; nebst modellhaften Vorspielen für Gottsched verfasste die Neuberin auch abendfüllende Dramen, von denen allerdings bloß ein einziges – der Fünfakter „Das Schäferfest oder die Herbstfreude“ (1753) – erhalten ist. Einen weiteren, nicht geringen Anteil an der Umsetzung der Theaterreform hatte Gottscheds Frau Luise Adelgunde Gottsched, die sich ebenfalls als Übersetzerin und Autorin eigener Stücke – wie „Die Pietisterey im Fischbein-Rocke; Oder die Doctormäßige Frau“ (1736, zunächst anonym publiziert) und „Panthea“ (1744) – einen Namen machte.

In der zweiten Hälfte des 18. Jahrhunderts verlor Gottsched nicht nur seinen Einfluss auf die Entwicklung des Theaters in Deutschland. Er geriet mit seiner strengen Anlehnung an das Vorbild des französischen Theaters auch zunehmend in die Kritik. In diesem Zusammenhang wurde die *Ständeklausel* als Unterscheidungsmerkmal der dramatischen Gattungen immer offener kritisiert und verworfen. Der noch für Gottsched weitgehend verpflichtende Grundsatz, dass das tragische Geschehen den aristokratischen Helden erfordere, während in der Komödie die Torheiten des Bürgers belacht werden dürfen, ist nun im Blick auf eine angemessene Selbstdarstellung des Bürgers auf dem Theater nicht mehr akzeptabel. Aus der Kritik an der klassizistischen Tragödie wie an der „Verlachkomödie“ erwachsen die neuen Formen des Bürgerlichen Trauerspiels und des rührenden Lustspiels, die gemeinsam haben, dass der Bürger und die bürgerliche Welt auf neue Weise dargestellt werden.

Es ist allerdings aufschlussreich, *wie* die Selbstdarstellung des Bürgertums in der Dramenliteratur zum Ausdruck kommt. Alle Erwartungen, dass sich die auf sozialen Aufstieg drängenden Gruppierungen des Bürgertums gegen den Adel kämpferisch-selbstbewusst in Szene setzen, werden durch die verwirrende Vielfalt unterschiedlicher Stücke eher widerlegt als bestätigt. Charakteristisch für das bürgerliche Drama ist nicht so sehr der mit oder gegen den Adel offen ausgetragene soziale Konflikt als vielmehr ein neues Wertebewusstsein, das nicht als ein spezifisch ständisches, sondern als ein allgemeinmenschliches propagiert wird.

Lediglich im Bereich der Moral kann zunächst eine Gegenposition zum Adel gewonnen werden. Hier liegt der Grund, warum im bürgerlichen Drama der Konflikt so stark unter die Perspektive der Moralität des Handelns rückt. Tugend und empfindsame Moral werden als allgemein-menschliche Qualitäten ausgewiesen, damit sie umso wirkungsvoller jener Welt höfisch-politischer Unmoral entgegenstehen, von der auch breite Kreise des Adels, insbesondere des niederen Adels, ausgeschlossen sind.

Es ist daher auch kein Widerspruch, wenn Adlige die Rolle des Helden im bürgerlichen Drama innehaben. Entscheidend ist, sie denken „bürgerlich“ und verdeutlichen in ihrem Handeln, wie man „die Tugend verehrungswürdig und beliebt und das Laster verächtlich und verabscheuungswürdig“ machen kann, wie es bei *Pfeil* in seiner Abhandlung „Vom bürgerlichen Trauerspiel“ aus dem Jahre 1755 heißt. Die im bürgerlichen Drama häufig zu beobachtende Solidarisierung mit dem nicht-höfischen Adel entspricht nicht nur der allgemeinen Aufwertung des bürgerlichen Sozialprestiges, sie zeigt auch, dass „bürgerlich" noch keine feste soziologische Kategorie für den dritten Stand bildet. „Bürgerlich" ist zumeist Synonym für privat, für menschlich und tugendhaft. Die damit angesprochenen Werte können auch Kreise des niederen Adels auf sich beziehen. Die Kehrseite des Prozesses, den Adel in der Literatur zu verbürgerlichen, um selbst teilzuhaben an dessen Reputation, ist allerdings die schroffe Abgrenzung vom „gemeinen Volk", dem auf Grund der mangelnden Erziehung die Voraussetzungen abgesprochen werden, die neuen Ideale zu verwirklichen.

5.1 Kritik am bürgerlichen Ehrbegriff in der Komödie: Lessing „Minna von Barnhelm oder Das Soldatenglück"

Gotthold Ephraim Lessing: Theatralische Bibliothek (1754)
Minna von Barnhelm oder Das Soldatenglück (1767)
Philotas (1759)

Die Komödie als Kritik am bürgerlichen Ehrbegriff. In Lessings Komödie „Minna von Barnhelm" sind in der dramaturgischen Struktur wie auch in den einzelnen dramatischen Personen noch herkömmliche Muster der Komödie erkennbar. Die Figuren des Just und des „Bedienten" haben ihre Vorbilder in der sächsischen Typenkomödie. Tellheims starre Ehrauffassung erinnert ebenso an Vorbilder in der satirischen Typenkomödie, die ihre komische Wirkung aus der moralisierend-satirischen Behandlung einzelner „Laster" bezieht. Auch die anderen Figuren wie der Wirt, Werner, Riccaut sind aus dem konventionellen Rollenfach-Repertoire herzuleiten. Ebenso ist das dramaturgische Movens – Minnas Intrige, sich dem uneinsichtigen Tellheim als arme Enterbte darzustellen – in gewisser Weise ein Rückgriff Lessings auf vorgegebene Muster der Intrigenkomödie.
Lessings Verdienst besteht jedoch darin, dass er die Fabel seines Lustspiels aus einem anderen als dem moralisierenden Interesse seiner Vorgänger und demgemäß mit anderen Mitteln der Personencharakterisierung entwickelt. An die Stelle von Typen und deren Lastern setzt er in sich widersprüchliche, vielschichtige Charaktere, die in ihren Verhaltensweisen Repräsentanten des gesellschaftlichen Zustandes werden. Lessings Interesse, das er in das Lustspiel „Minna von Barnhelm" einbringt, ist ein politisches. Er belässt es dann auch nicht bei dem Schema der klassischen Komödie.

Tellheims Ehrverlust – Stoff für eine Tragödie? In der Komödie wird ein ernstes Thema behandelt, Kritik an einem leeren Ehrbegriff und einem übersteigerten Ehrgefühl geübt.

Tellheim ist in seiner Ehre verletzt worden. Er besitzt, nach Ende des Siebenjährigen Krieges, kein Geld mehr und fühlt sich zutiefst gekränkt durch die ehrenrührigen Umstände seiner Dienstentlassung. Man wirft ihm vor, er habe von den sächsischen Ständen für die Bereitschaft, sie mit einer niedrigen Unterstützungssumme abzufinden, einen Wechsel bekommen. Er wird des Betrugs und der Bestechung verdächtigt. Tatsache ist, dass er den auf dem Wechsel ausgewiesenen Betrag den sächsischen Ständen vorgeschossen hat, mit der Aussicht, ihn nach dem Krieg zurückzubekommen. Zur Klärung des Falles darf er die Stadt nicht verlassen. Darauf hat er sein Ehrenwort gegeben.

Der Verdacht des Betrugs richtet sich auf ihn als Privatmann wie als Angehörigen des Militärs. Redlichkeit und Reputation sind in Frage gestellt. Die Ehre Tellheims ist verletzt.
Er reagiert darauf mit einem übersteigerten Ehrgefühl, er weigert sich, unter den gegebenen Umständen, mit Minna die Ehe einzugehen, er macht sich lächerlich mit dem „Gespenst der Ehre", wie Minna das übersteigerte Ehrgefühl nennt.
Der Konflikt zwischen Ehre und Liebe ist ein ernstes Problem, das Leiden an diesem Konflikt bis zu selbstzerstörerischen Gedanken rückt die Gestalt in die Nähe der Tragödie. Aber es ist eben dann doch ein Lustspiel daraus geworden. Tellheims Situation, sein Ehrverlust, bietet nach der Ansicht Lessings keinen Anlass für ein Trauerspiel. Tellheim ist, in der Sprache Lessings, in eine „grässliche Situation" geraten, sie gibt keinen Stoff für ein Trauerspiel her. Sie ist dadurch gekennzeichnet, dass ein rechtschaffener Mann unverschuldet ins Unglück, hier aber in den Verlust der Ehre, gerät, unabhängig von seinem Charakter, unabhängig davon, ob er gut oder böse ist. Und damit verliert die „grässliche Situation" die Basis für einen tragischen Konflikt.
Lessing wählte eine Mischform. Einerseits orientiert sich das Lustspiel an der traditionellen Komödie, aber doch mehr äußerlich in der Übernahme des Personals und einzelner Motive. Zugleich aber ist „Minna von Barnhelm" ein bürgerliches Drama mit einem ernsten Thema. Die Komödie ist weder lustig, wie die alte Verlachkomödie es war, noch ist sie ernst wie das Bürgerliche Trauerspiel. Lessing bestimmt 1754 in der „Theatralischen Bibliothek" die Komödie so:

„Das Possenspiel will nur zum Lachen bewegen, das weinerliche Lustspiel will nur rühren, die wahre Komödie will beides."

Die ernste Situation Tellheims, die Aufdeckung der Ursachen seines gekränkten Ehrgefühls werden in dem Lustspiel eher verdeckt als aufgeklärt.

Die Informationen darüber sind spärlich, werden verzögert, sind dann noch ungenau; jedenfalls wird das Publikum lange im Dunkeln gelassen. Umso mehr muss das Sprechen und Handeln Tellheims übersteigert wirken. Und doch lässt er sich nicht einfach wie eine komische Figur auf einen Nenner bringen, er lässt sich nicht einfach verlachen, er rückt in der Mischung seiner Charaktereigenschaften in die Nähe des normalen Bürgers, in dem sich der Bürger als Zuschauer wieder erkennen konnte. Die von der Aufklärung entwickelte Konzeption einer tugendhaften, verinnerlichten Diesseitigkeit hat über eine bestimmte soziologische Schicht hinausgewirkt. Tellheims, des adligen Offiziers, Redlichkeit ist eine ganz und gar bürgerliche Tugend; sein übersteigertes Ehrgefühl, sein auf bloßes Ansehen, Reputation angewiesener Ehrbegriff ist eine bürgerliche Untugend.
Der Zuschauer rückt auf die Seite Minnas, die den Versuch unternimmt, Tellheim von seiner Krankheit zu heilen und damit für sich zu gewinnen.

Mit Hilfe einer Komödienverwirrung, einem Spiel im Spiel, versucht Minna, ihr Ziel zu erreichen. Den Ring, den Tellheim durch Just beim Wirt versetzt, um sich Geld zu verschaffen, erkennt sie als den Ring ihres Verlobten. Glücklich darüber, den Geliebten in ihrer Nähe zu wissen, löst sie den Ring ein und beginnt ein Spiel, das ihr den Verlobten wieder in die Arme führen soll. Minnas Ringspiel, das sie anfangs überlegen einsetzt, das Tellheims Ehrgefühl entlarven und widerlegen soll, entgleitet ihr aber. Tellheim wird durch ihr Spiel weder belehrt, noch ändern sich die äußeren Bedingungen. Minna fällt dem von ihr Angezettelten anheim, Riccaut ist ihr angemessener Partner, auch er liebt wie Minna das Spiel.
Da das Ringspiel seine Wirkung verfehlt, beginnt Minna ein anderes Verwirrspiel. Franziska erzählt für sie die Geschichte, ihr Onkel habe sie enterbt, sie sei auf die Heirat mit Tellheim angewiesen. Nun ist es für ihn Ehrensache, Minna zu ehelichen, wie es zuvor Ehrensache gewesen ist, sich Minna zu entziehen. Tellheim verwirft aber seinen spontan gefassten Plan, sich Geld zu leihen und mit Minna zu entfliehen. Minnas Vorstellung, sie seien nun beide gleich, ihre Lage sei mit der Tellheims vergleichbar, ist falsch. Tellheim verliert seine Reputation nicht aus dem Auge. Er will das Land verlassen. Erst das königliche Handschreiben löst den Konflikt. Es löst die Verwicklung ohne Zutun der beteiligten Personen.

Wie ist es aber nun mit der Sache der Ehre?

Schon früh ist im Stück davon die Rede. In III.2 erhält Franziska von Just für Minna einen Brief, in dem Tellheim ihr die Gründe darlegt, die ihn zur Absage der Ehe wegen seiner verletzten Ehre führen. In III.10 gibt Franziska den Brief zurück und behauptet, Minna habe ihn nicht gelesen, obwohl der Brief geöffnet worden ist. Erst in IV.6 erfährt der Zuschauer, was Tellheim in seinem Brief an Minna geschrieben hatte und wie es mit seinem Ehrverlust steht: Tellheims Ehrensache ist eine Geldsache. Es geht nicht um die Standesehre (Offiziersehre), auch nicht um die Ehre als Stimme des Gewissens. Tellheim ist öffentlich des Betruges bezichtigt worden, er ist in seiner bürgerlichen Reputation gekränkt. Seine Ehre muss wieder hergestellt werden.

Die Sache der Ehre – Ethik der Öffentlichkeit. Lessing hat in einem seiner wenigen Gedichte sich selbst in seinem Verhältnis zur Ehre zu bestimmen und zu erklären versucht. Es beginnt mit einer Absage an die Ehre: „Die Ehre hab ich nie gesucht“, und endet mit einer Bescheidung auf sich selbst: „Weiß ich nur, wer ich bin.“
Diese Abscheu des jungen Lessing (1752) gegenüber der Ehre könnte als falsche Bescheidenheit des noch jungen Schriftstellers gedeutet werden, der in der Beschränkung auf sich selbst noch nichts an Erfolg und Ehre zu vermelden und damit zu verlieren hat, ja vielleicht in dieser Pose der Bescheidenheit Ehre erheischen möchte. Aber so privat ist die Sache der Ehre nicht auszulegen.
Im 18. Jahrhundert hat sich längst eine Ethik der Öffentlichkeit entwickelt, in der der Ehrenkodex ein wichtiger Bestandteil ist. Es soll auch die Öffentlichkeit davon überzeugt sein, dass jemand etwas taugt – so sah man in der Ehre vorwiegend einen sozialen Wert. „Öffentlichkeit“ bedeutet die Gruppe der „Leute vom Stande“, die dem gleichen Ehrenkodex verpflichtet sind. Ehre hat man; verliert man sie, gehen in der Selbst- und Fremdeinschätzung desjenigen, der keine Ehre hat, auch alle anderen Werte leicht verloren. Der Entehrte steht unter dem Zwang, seine Ehre wieder herzustellen. Die Ehre ist zunächst ein Standesprivileg des Adels und der sich hauptsächlich aus dem Adel rekrutierenden Offiziere. Die bürgerliche Gesellschaft schafft sich ein eigenes Tugendsystem, das im Laufe ihrer Entwicklung jedoch nicht im Kontrast zur höfisch-feudalen Tugend gebildet wird, sondern das schon fertige Tugendsystem übernimmt und reguliert. Die Ehre ist ein zentraler Wert auch im bürgerlichen Tugendkatalog. Ihre Verabsolutierung kann zur Zerstörung der Persönlichkeit und zur Missachtung humanen Denkens und Handelns führen. Und daran leidet der Aufklärer Lessing.

Das Problem der Ehre in der frühen Tragödie „Philotas“ und in „Minna von Barnhelm“. Schon während des Siebenjährigen Krieges (1759) schrieb Lessing unter dem Eindruck fragwürdiger Soldatenehre, der „Ehre, fürs Vaterland zu bluten“, das Trauerspiel „Philotas“, in dem der „Held“, ein patriotischer Jüngling, in der Gefangenschaft des Kriegsgegners lieber den Tod wählt, als sein „Heldentum“ aufzugeben. Sein schwärmerisches Ehrgefühl entlarvt sich im Verlauf der Tragödie als ein Mantel, der Sinnlosigkeit verdeckt. Am Schluss des Stückes weiß Philotas nicht mehr, für welche politischen Grundsätze er sein Leben eingesetzt hat. Er bleibt dennoch der Überzeugung treu: Wer um der Ehre willen das Leben hingibt, dient der besseren Sache. In ihm herrscht „das Feuer der Ehre“, dem er als Möglichkeit, in der Ohnmacht des Krieges, des Kampfes sich selbst zu erheben, verfällt. Er – „ein Kind“ – erkennt nicht, dass ihm das Heldenpathos, dieses Ehrgefühl als

Pflichtübung zudiktiert worden ist. Er begeht in der Gefangenschaft Selbstmord, um der Erniedrigung durch den Feind, den Sieger, zu entgehen. Die Gegenfigur, König Aridäus, hält Philotas die Fragwürdigkeit seines Tuns vor, aber sie ist von Lessings Zeitgenossen wenig beachtet worden. Man hat das frühe Drama als Verherrlichung des Patriotismus missverstanden. Wahrscheinlich verhinderte die Erfahrung des Siebenjährigen Krieges zur Zeit der Entstehung des Werkes die der Absicht Lessings angemessene Rezeption.
Lessing nimmt sich in seinem Lustspiel „Minna von Barnhelm“ am Ende des Siebenjährigen Krieges der Sache der Ehre noch einmal an. Wenn die Tragödie „Philotas“ zur Zeit ihres ersten Erscheinens noch als Verherrlichung des Patriotismus missverstanden werden konnte, dann lässt das Lustspiel „Minna von Barnhelm“ beim Publikum keinen Zweifel mehr an der Einstellung Lessings zum fragwürdigen Ehrbegriff seiner Zeitgenossen aufkommen. Das Festhalten an der Ehre, in „Philotas“ schon als Scheintugend entlarvt, erweist sich im Lustspiel als Untugend.

5.2 Der Antagonismus zwischen höfischer Welt und bürgerlicher Familie: Lessing „Emilia Galotti“ – Schiller „Kabale und Liebe“

Gotthold Ephraim Lessing: Miss Sara Sampson (1755)
Emilia Galotti (1757–1772)
Friedrich Schiller: Kabale und Liebe (1784)

Lessings „Emilia Galotti“ und Schillers „Kabale und Liebe“ gehören nicht nur zu den wichtigsten und bekanntesten Beispielen des Bürgerlichen Trauerspiels, sie repräsentieren auch einen besonderen Typus: Gezeigt wird, wie bürgerliche Welt- und Lebensordnung in höfische Intrige verstrickt wird und darin scheitert. Die zentralen Motive, die in den Standesgegensätzen verankerten Konflikte, die Personen als typische Rollenträger der feudalen Gesellschaft, den Wechsel der Schauplätze zwischen Adelspalast und Bürgerstube haben beide Stücke gemeinsam. Schiller verweist zudem durch viele wörtliche Übernahmen auf Lessings „Emilia Galotti“ als sein Vorbild. Lessing hat in Anlehnung an englische Vorbilder (Lillos „Der Kaufmann von London“, 1731) mit „Miss Sara Sampson“ 1755 das erste deutsche Bürgerliche Trauerspiel vorgelegt.

Seitdem kennzeichnen die folgenden Merkmale die neue Gattung:

1 der gezielte Bruch mit der „Ständeklausel", der zufolge lediglich hohe Standespersonen in der Tragödie als Opfer tragischer Verwicklungen gezeigt werden durften;

2 die Verlagerung des Geschehens weg von der großen höfisch-politischen Kulisse in den Bereich der bürgerlich-privaten Welt, die damit das Gegenmodell liefert zur repräsentativen Öffentlichkeit adlig-höfischer Lebensweise, und

3 die moralisch-aufklärerische Belehrung als neue Funktionsbestimmung des Theaters und die Propagierung einer bürgerlichen Tugendlehre und empfindsam-moralischen Gefühlskultur.

Die höfische Welt

Lessing legt den Schauplatz der Handlung von „Emilia Galotti" in eine kleine Residenzstadt irgendwo in Italien zur Zeit der Renaissance gegen Ende des 17. Jahrhunderts. Hettore Gonzaga ist Prinz von Guastalla. Er hat sich, wie schon die erste Szene zeigt, leidenschaftlich in Emilia Galotti, die Tochter eines Obersten, verliebt, die mit ihrer Mutter in der Residenz lebt, während der Vater seine Güter auf dem Lande verwaltet. Damit deutet zunächst alles auf eine neue Liaison des Fürsten hin, zumal da die bisherige Geliebte, die Gräfin Orsina, in Ungnade gefallen ist. Ein Bild Emilias, das der Maler Conti bringt, steigert den Wunsch des Fürsten, Emilia zu besitzen. Umso bestürzter ist er, als er erfährt, dass Emilias Vermählung mit dem Grafen Appiani noch am selben Tag vollzogen werden soll und dass der Graf die Absicht hat, sich mit seiner Frau auf das Land zurückzuziehen. Der Entschluss des Fürsten, dies zu verhindern, steht fest. Marinelli erhält dazu alle Vollmachten.

Das Bild des Prinzen in diesen den Konflikt exponierenden Szenen bestimmen einige den Zeitgenossen durchaus vertraute Kennzeichen höfischer Macht: die amourösen Abenteuer, die politische Heirat mit der Prinzessin von Massa, aber auch seine Rolle als Kunstmäzen oder als oberster Richter. Andererseits wirkt der Prinz in seiner leidenschaftlichen Verwirrung nicht wie ein Souverän. Er zeigt überraschend viel Herz und ist daher unfähig, sich auf die anstehenden Amtsgeschäfte zu konzentrieren. Der Prinz leidet unter dem Rollenkonflikt, der einen Ausgleich zwischen seinen Aufgaben als Monarch und seinen individuellen Bedürfnissen und Interessen auszuschließen scheint.

Lessing lässt nicht den Bürger, sondern den Prinzen die Kritik an höfisch-aristokratischer Lebensweise formulieren. Seine Klagen über die „ersten Häuser", in denen „das Zeremoniell, der Zwang, die Langeweile und nicht selten die Dürftigkeit herrschet", die resignierend vorgetragene Einsicht, durch die bevorstehende politische Heirat „das Opfer eines elenden Staatsinteresses" zu werden, das Bewusstsein der eigenen Isoliertheit („Der Fürst hat keinen Freund! kann keinen Freund haben!") und die so überraschend unaristokratische und empfindsame Schwärmerei für Emilia und ihre Tugendhaftigkeit rücken ihn zunächst in irritierende Nähe zu jener anderen „bürgerlichen" Welt, auch wenn er schließlich deren Ordnung und Harmonie zerstören wird.

Schiller wählt, anders als Lessing, in „Kabale und Liebe" eine deutsche Residenz als Schauplatz der Handlung. Der Fürst bleibt anonym im Hintergrund. Den Anspruch und die Machtfülle absolutistischer Regierungsgewalt repräsentiert Präsident von Walther. Selbst durch dunkle Machenschaften an die Macht gekommen, ist es sein einziges Ziel, diese Macht für sich und den einzigen Sohn, Ferdinand von Walther, zu erhalten. In dieser Situation bringt Ferdinands Liebe zu Luise, der Tochter des Stadtmusikanten Miller, die tragische Verwicklung in Gang. Ist es bei Lessing der Prinz, der sich einer Vermählung Emilias in den Weg stellt, so ist es in Schillers Drama der Präsident, der die nicht standesgemäße Verbindung seines Sohnes mit einem Bürgermädchen mit allen Mitteln zu verhindern trachtet.
Es ist bezeichnend, dass in beiden Stücken die Inhaber der höfischen Herrschaftsgewalt weder Betrug noch Verbrechen scheuen, um die eigenen Ziele zu realisieren. Prinz Gonzaga überlässt zwar das Handeln seinem intriganten Vertrauten Marinelli und zeigt sich bestürzt, als er das wahre Ausmaß des Verbrechens erkennt, dennoch wird er durch sein Einverständnis mitschuldig an dem Anschlag, dem Graf Appiani zum Opfer fällt.
Der Präsident in Schillers Drama ist völlig frei von Skrupeln. Bevor er sich auf die von Wurm ausgeklügelte Intrige einlässt, ist ihm jedes Mittel recht, Druck auf Luise und ihre Eltern auszuüben. Die widerrechtlichen Übergriffe auf die Familie Miller offenbaren nicht nur deren Schutzlosigkeit, sie sind auch Beispiel für die Willkür absolutistischer Herrschaft deutscher Landesfürsten. Schiller wird hier viel konkreter als Lessing: Die brutale Praxis des Soldatenverkaufs, wie sie in der berühmt gewordenen Kammerdienerzusage bloßgestellt wird, die Genuss- und Verschwendungssucht eines Fürsten, der das erpresste Geld in Geschenke für seine Favoritin umsetzt, die eitle Dummheit und schmarotzerhafte Arroganz jener Hofschranzen, wie sie in der Person des Hofmarschalls von Kalb karikiert werden – Schiller zeichnet ein realistisch-düsteres Bild jener Zustände, die er selber kennt.

Die bürgerliche Familie als Gegenmodell? Der höfischen Welt der „Kabale" setzen Lessing und Schiller die private Welt der Familie gegenüber. Die tugendhafte Tochter, deren Unschuld und Ehre bedroht sind, der Vater, der als patriarchalisches Oberhaupt der Familie die Tochter vor dem Verderb des

Lasters bewahren will, und die in Fragen der Moral weniger rigide denkende Mutter, die das Glück der Tochter nicht zuletzt in dem möglichen sozialen Aufstieg sieht, repräsentieren die für das Bürgerliche Trauerspiel typische Personenkonstellation. Es ist die Struktur der bürgerlichen Kleinfamilie, wie sie sich historisch in Deutschland im 18. Jahrhundert allmählich herausbildet. Allerdings sind die sozialen Unterschiede zwischen der Familie Galotti und der des Stadtmusikanten beträchtlich. Besitz und öffentliches Ansehen Odoardo Galottis relativieren den sozialen Abstand zum Adel. Die geplante Vermählung Emilias mit dem Grafen Appiani mag zwar ungewöhnlich sein; doch nur Marinelli sieht in Emilia ein „Mädchen ohne Vermögen und ohne Rang“ und in der Heirat mit Appiani ein „Missbündnis“, das den Grafen gesellschaftlich diskreditieren wird (I.6). Ein Skandal aber, der „die Fugen der Bürgerwelt auseinander treiben, und die allgemeine, ewige Ordnung zu Grund stürzen würde“ (so Luise über ihre Liebe zu Ferdinand, III.4), ist diese Verbindung keineswegs.

Odoardo Galotti teilt mit dem Grafen Appiani wenn auch nicht den Adelsrang, so doch die antihöfische Gesinnung. Wie er selbst den Hof und die Stadt meidet, begrüßt er auch die Absicht Appianis, sich nach der Heirat aus der Öffentlichkeit zurückzuziehen und „in seinen väterlichen Tälern sich selbst zu leben“ (II.4). Nur fernab von der höfischen Welt kann sich Odoardo ein familiäres Leben ungefährdet durch höfische Verführung vorstellen. Der diesem Denken zu Grunde liegende moralische Rigorismus (Claudia spricht von der „rauen Tugend“, II.5) führt zu einem Misstrauen, das einem offen-vertrauensvollen Verhältnis gegenüber Frau und Tochter im Wege steht. Die entscheidende Zuspitzung des Konflikts beginnt für Odoardo daher dort, wo Marinelli nach dem Tod Appianis den Plan ausklügelt, Emilia ohne die Eltern nach Guastalla zurückbringen zu lassen.

Der moralische Rigorismus verbindet Odoardo über die unterschiedliche soziale Position hinweg mit dem alten Miller. Auch Miller kennt nur eine Sorge, dass Luise ihren guten Namen verlieren könnte. Allerdings motiviert Schiller diese Sorge um die Tugend der Tochter differenzierter. Es geht dem Vater nicht ausschließlich um ein moralisches Prinzip; vielmehr steht mit Luises Zukunft auch die eigene zur Diskussion, und eine gesicherte gemeinsame Zukunft kann sich Miller nur mit einem „wackern ehrbaren Schwiegersohn“ (I.1) vorstellen. Luise erfährt die christlichen Wert- und Moralvorstellungen des Vaters, auch wenn sie sie innerlich voll akzeptiert, als Verpflichtung und als Zwang. Gegenüber Lessing hat Schiller die emotionale Bindung zwischen Vater und Tochter verstärkt, doch wird auch Luise letztlich nicht nur Opfer feudaler Willkür, sondern auch der väterlichen Forderungen, die ihr das Recht auf Selbstverwirklichung in ihrer Liebe zu Ferdinand verweigern.

Es ist insbesondere diese patriarchalische Struktur, die die Familie des Bürgerlichen Trauerspiels immer wieder ins Zwielicht rückt. Es zeigt sich, dass auch in diese Welt der Zurückgezogenheit und der festen sittlich-moralischen Grundsätze Autoritätsstrukturen hineinreichen, wie sie das absolutistische System im Ganzen bestimmen.

Tragische Konfliktlösung. In beiden Stücken führt der Antagonismus Hof – Familie zum tragischen Schluss.
Aus der Erkenntnis, Emilia nicht anders vor der höfischen Verführung bewahren zu können, tötet Odoardo seine Tochter und unterstellt sich selbst der Richtergewalt des Prinzen. Dieser wird als der eigentlich Schuldige zwar erkannt, bleibt aber ungestraft. Der Gedanke, die Waffe nicht gegen die eigene Tochter, sondern gegen den Prinzen zu erheben, drängt sich dem Vater zwar auf, er wird aber sofort wieder verworfen. Ein solches Handeln im Affekt und aus Rache ist mit dem moralischen Bewusstsein Odoardos und seiner Tochter unvereinbar. Nicht einmal die Möglichkeit, die Schuld des Prinzen öffentlich anzuprangern – ein Weg, den die Gräfin Orsina immerhin andeutet – wird in Betracht gezogen. Odoardo bleibt nur der Ausblick auf eine göttliche Gerechtigkeit. Nachdem die Tugend und Unschuld Emilias durch die Tat Odoardos bewahrt bleiben, werden die Schuld des Vaters und die Verantwortlichkeit des Prinzen einem himmlischen Richter überantwortet. Im Unterschied zu der römischen Virginia-Fabel, wo der Tat des Vaters ein Volksaufstand und Verhaftung und Tod des Schuldigen folgen, betont Lessing auch in der Lösung den privaten, nicht öffentlichen Charakter des Konflikts.

Auch *Schillers* Stück hat einen tragischen Ausgang. Ferdinand vergiftet sich und Luise aus Verzweiflung darüber, dass sich die Hoffnungen auf eine Erfüllung seiner Liebe zerschlagen. Dass er mit seiner rasenden Eifersucht das Opfer einer arglistigen Täuschung ist, erkennt er zu spät. Damit scheitert diese Liebe vordergründig an der durch den Präsidenten und seinen Helfershelfer Wurm ausgeklügelten Briefintrige, in die Luise erpresserisch einbezogen wird. Doch ist dieses Scheitern wiederum nur Ausdruck dafür, dass sich die in der standesübergreifenden Liebe Ferdinands zu Luise aufleuchtenden Hoffnungen auf eine andere, bessere Welt zerschlagen, wenn sie mit den politischen und gesellschaftlichen Strukturen des alten Feudalsystems in Konflikt geraten.
Schiller verstärkt im Vergleich mit Lessing den Eindruck, dass die Bürger die eigentlichen Opfer sind. Luise und ihr unglücklicher Vater haben im Schlussakt keine Möglichkeit mehr, in den Ablauf der Ereignisse noch entscheidend einzugreifen. Nicht die mit viel Tugendpathos vollzogene Selbst-

zerstörung wie bei Lessing, sondern der Giftmord Ferdinands steht am Ende. Indem Ferdinand wie ein zweiter Richtergott über Luises Leben verfügt, demonstriert er eine Anmaßung und Selbstgerechtigkeit, die zuletzt doch noch die Kluft zwischen ihm und dem eher kleinbürgerlichen Denken Luises verdeutlicht. Luise ist Opfer in mehrfacher Weise: Der Druck der höfischen Erpressung, das Bewusstsein ihrer moralischen Verpflichtung gegenüber dem Vater und die tief empfundene Liebe zu Ferdinand bewirken einen nicht mehr lösbaren Konflikt, in dem ihr nur die Hoffnung auf ein besseres Jenseits verbleibt und damit der Verzicht auf die Verwirklichung der eigenen Glücksansprüche.
Mit einer weiteren Änderung sprengt Schiller schon fast die Formtradition des Bürgerlichen Trauerspiels: In der letzten Szene sind nicht nur die am Geschehen unmittelbar Beteiligten auf der Bühne; der alte Miller erscheint vielmehr „mit Volk und Gerichtsdienern, welche [wie es in der Regieanweisung heißt] sich im Hintergrund sammeln". Für die Schuld des Präsidenten werden die Gerichte zuständig sein, und der politische Skandal wird sich nicht mehr vertuschen lassen. Anders als Lessing rückt Schiller den dramatischen Vorgang damit wieder in eine Perspektive des Öffentlichen, die Lessing bewusst eliminiert hatte.

5.3 Das Bürgerliche Trauerspiel als Ständetheater: Lenz „Die Soldaten" – Wagner „Die Kindermörderin"

Jakob Michael Reinhold Lenz: Der Hofmeister (1774)
Die Soldaten (1776)
Heinrich Leopold Wagner: Die Kindermörderin (1776)

„Die Kindermörderin" von Wagner und „Die Soldaten" von Lenz, beide 1776 im Druck erschienen, zählen zu den wichtigsten Dramen des Sturm und Drang und nehmen auch in der Geschichte des Bürgerlichen Trauerspiels einen besonderen Platz ein. Im Vergleich zu früheren Beispielen der neuen Gattung wird die bürgerliche Welt in beiden Stücken wirklichkeitsnäher und differenzierter dargestellt. Dabei geraten die in den sozialen Verhältnissen wurzelnden Ursachen der tragischen Verwicklung konkreter in den Blick. Beide Autoren nutzen die Möglichkeiten des Theaters, um auf soziale Missstände hinzuweisen; insofern stehen beide in der Tradition der Aufklärung. Dramaturgisch aber erproben sie neue Darstellungsmöglichkeiten, wobei Lenz noch radikaler als Wagner die überlieferte Form des Bürgerlichen Trauerspiels auflöst und einen neuen Dramentypus entwickelt.

Verführung als literarisches Motiv. Mit der Verführung des bis dahin unbescholtenen Bürgermädchens durch den sozial Höherstehenden wählen beide Autoren ein für das Bürgerliche Trauerspiel typisches Handlungsmuster. In den „Soldaten“ ist es Marie Wesener, Tochter eines Händlers für Galanteriewaren in Lille, die in Desportes einen adligen Offizier als Verehrer gefunden hat, obwohl sie mit dem Tuchhändler Stolzius so gut wie verlobt ist. Wagner wählt die Familie des Metzgermeisters Humbrecht, in dessen Haus der Leutnant von Gröningseck einquartiert ist, der sich dann auch prompt in Evchen, die 18-jährige Tochter des Hauses, verliebt. Der bei Lessing und Schiller handlungsbestimmende Dualismus Hof – Familie wird also variiert durch das in den Garnisonsstädten typische Nebeneinander von Bürgertum und adligen Offizieren, die durch ihre Verpflichtung zur Ehelosigkeit und durch den ihnen eigenen Lebensstil in einen spezifischen Gegensatz zur bürgerlich-familiären Lebensordnung geraten.

Die Verführung als das die tragische Handlung auslösende Moment haben beide Stücke also gemeinsam. Hält man jedoch die Anfangsszenen vergleichend nebeneinander, dann werden ganz unterschiedliche Darstellungsintentionen deutlich.

Bei *Wagner* gelangt die Verführung bereits im ersten Akt an ihr Ziel: In einem verrufenen Lokal macht von Gröningseck Evchen zu seiner Geliebten, nachdem er zuvor die Mutter mit einem Schlaftrunk ausgeschaltet hat. Der Ball, den man gemeinsam besucht, ist lediglich Auftakt in einem sorgfältig ausgedachten Verführungsplan. Wagner hebt in dieser Verführungsszene das moralische Versagen des adligen Offiziers besonders hervor. Er unterstreicht dies, indem er Evchen, kaum dass sie „zur Hure gemacht“ worden ist, ein Pathos der „beleidigten Tugend“ (so ihre eigenen Worte) in den Mund legt, das sie in die Nähe einer Emilia Galotti rückt. Die Bestimmtheit, mit der sie von Gröningseck ihre Bedingungen diktiert, lässt sie zumindest in diesem Augenblick als sozial ebenbürtig erscheinen. Dessen Versprechen, sie nach Ablauf von fünf Monaten und der Rückkehr von einer Reise zu heiraten, und ihre Einwilligung, so lange zu warten, ohne sich ihren Eltern mitzuteilen, bestimmen die für die weitere Handlung wesentliche Frage, ob die Verbindung über die Standesgrenzen hinweg tatsächlich zustande kommt. Diese Frage stellt sich auch nach den ersten Szenen in *Lenz'* Soldatenkomödie. Allerdings entwickelt Lenz im Unterschied zu Wagner die Geschichte der Verführung Maries indirekter und behutsamer. Schon in den ersten Begegnungen mit Desportes, der seine Besuche im Hause Wesener macht, wird deutlich, dass sich Maries Empfinden und Denken im Umgang mit Desportes langsam und für sie selbst unmerklich ändern. Die Komplimente, die Geschenke, der Besuch in der Komödie – jeder Schritt entfernt sie mehr von ihrem bürgerlichen Milieu. Je mehr sich aber für sie die alten Bindungen lösen, umso hilfloser und anfälliger wird sie für das, was ihr Desportes in Aussicht stellt. Es ist nicht nur das erotische Moment, sondern die Faszination eines anderen Lebensstils, der Marie immer mehr verfällt. Sie hofft zwar ebenso wie Evchen, dass dieser Weg aus der kleinbürgerlichen Enge hinausführt, aber sie ist im Unterschied zu dieser nicht mehr in der Lage, ihre Hoffnungen und ihre eigene Situation kritisch zu überprüfen. Gerade hier bricht Lenz mit einer für das Bürgerliche Trauerspiel wesentlichen Tradition. Die Verführte kann sich nicht mehr moralisch über den Verführer erheben, sie kann das weitere Schicksal nur noch leidend erdulden.

Die Zuspitzung des Konflikts. Bei aller Verwandtschaft in der Thematik setzen Lenz und Wagner in der weiteren Entwicklung des Geschehens doch unterschiedliche Akzente. In den „Soldaten" tritt Desportes' wahrer Charakter immer offener zu Tage. Er flieht und hinterlässt Schulden, wofür der alte Wesener gutgläubig zu bürgen bereit ist. *Marie* lässt sich nun mit Desportes' Freund, dem Leutnant Mary, ein in der Hoffnung, so mit dem Verschwundenen wieder Kontakt zu bekommen. Dabei gerät sie jedoch in der Öffentlichkeit immer mehr in Verruf. Die Gräfin Laroche versucht sie aus diesem Teufelskreis sozialer Diskreditierung zu befreien, indem sie Marie bei sich aufnimmt. Diese aber flieht, als sie von Mary erfährt, Desportes liebe sie immer noch.

Die Flucht bleibt auch *Evchen* nicht erspart. Sie flieht allerdings von zu Hause, wo es ihr über Monate hinweg gelungen ist, die Schwangerschaft als Folge der im ersten Akt geschilderten Verführung zu verheimlichen. Evchen hat zunächst allen Grund zuversichtlich zu sein. Von Gröningseck will sie heiraten. Nach der Beförderung nimmt er Urlaub und reist mit dem Versprechen, zwei Monate später wieder zurück zu sein und dann um ihre Hand anzuhalten, in seine bayrische Heimat, um dort seine finanziellen Verhältnisse in Ordnung zu bringen. Jetzt aber setzt die Briefintrige des Leutnants von Hasenpoth ein, der aus seinem Standesdenken heraus die Verbindung um jeden Preis verhindern will. Evchen erhält einen von Hasenpoth fingierten Brief, aus dem sie nur schließen kann, dass sie das Opfer falscher Erwartungen geworden ist. In der Annahme, dass von Gröningseck nicht zurückkommt, verlässt sie ihr Elternhaus, um der Strenge ihres Vaters und der Schande zu entfliehen und ihr Kind irgendwo in der Fremde zur Welt zu bringen.

Die Entwicklung der Handlung verdeutlicht erneut, wo die unterschiedlichen Darstellungsintentionen der beiden Autoren liegen. *Wagner* spitzt den Konflikt vor allem auf das juristische Problem des Kindesmords zu. Ihm geht es darum, zu zeigen, dass Evchens Lage in ihrer eigenen Sicht ausweglos geworden ist. Die Flucht ist Abbruch aller bisherigen Bindungen und

Aufgabe aller Hoffnungen, dem Verhängnis doch noch zu entgehen. Anders *Lenz*: Maries Flucht, als Faktum nur mitgeteilt in der Reaktion anderer, ist ein letzter vergeblicher Versuch, das gesellschaftlich Unmögliche wider alle Einsicht, die ihr die Gräfin zuvor nahe gelegt hat, dennoch zu versuchen. Die weitere und endgültige Zerstörung der bürgerlichen Familie zeigt *Lenz* nur noch in Momentaufnahmen: Marie auf dem Weg nach Armentières, halb verhungert und verwahrlost, der verzweifelte Vater, finanziell durch die Bürgschaften ruiniert, auf der Suche nach seiner Tochter. In der Kurzszenentechnik, die Lenz aus dem Shakespeare-Theater übernimmt, findet die sich zuspitzende Hektik des Geschehens ihren adäquaten Ausdruck. Die Auflösung der dramatischen Form verweist auf die allgemeine Auflösung gesellschaftlicher Ordnung, wie sie sich im Schicksal Maries und ihrer Familie vollzieht.

Die Zerstörung der bürgerlichen Familie bildet auch bei *Lenz* und *Wagner* das Ende des Trauerspiels. Allerdings bleibt in beiden Stücken das Schicksal der Hauptfiguren letztlich ungeklärt. Marie Wesener ist zur Prostituierten geworden, die um zu überleben, die Männer auf der Straße anspricht. Evchen Humbrecht tötet aus Verzweiflung ihr Kind und muss nach den Gesetzen der Zeit mit der Todesstrafe rechnen. Insofern sprechen die Umstände in beiden Stücken eine deutliche Sprache. Dennoch enthält der Schluss hier wie dort einige Hoffnungsmomente. Die dramatische Wiedererkennungsszene zwischen Marie und ihrem Vater ist nicht nur Ausdruck für die durch Desportes „verwüstete und verheerte Familie", wie es der Obriste kommentiert. Sie kann auch auf eine für beide neue und gemeinsame Zukunft hindeuten.

Auch Evchens Schicksal bleibt in der Schwebe. Von Gröningseck kommt zwar zu spät und kann den Kindesmord nicht mehr verhindern. Er will sich jedoch in Versailles direkt an die „gesetzgebende Macht" wenden, um Gnade für Evchen zu erwirken. Der die staatliche Gerichtsbarkeit repräsentierende Fiskal beurteilt diese Möglichkeit zwar skeptisch, räumt aber ein, dass es in solchen Fällen oft „auf die Umstände" ankomme.

Damit ist das für beide Stücke zentrale Stichwort gefallen. Da Lenz und Wagner an den „Umständen" und ihrer Veränderung interessiert sind, tritt zum Schluss der vorgeführte exemplarische Fall hinter das allgemeine Problem zurück. Lenz lässt in einer Schlussszene Angehörige des Adels, deren fortschrittliche Gesinnung sich in ihrem bürgerlich-empfindsamen Mitgefühl äußert, den Fall als Folge der Ehelosigkeit adliger Offiziere kommentieren. Maries Schicksal wie auch das ihrer Familie wird zum Beispiel, zugleich wird die Frage gestellt, wie diese Verhältnisse zu ändern seien. Auch wenn der in diesem Zusammenhang diskutierte „Reformvorschlag", eine „königliche Pflanzschule für Soldatenweiber" einzurichten, um die sexuellen Bedürfnisse

der Offiziere auf diese Weise aufzufangen, eher abwegig erscheint, bringt das Stück als Ganzes die Forderung, die sozialen Konflikte politisch zu lösen, zwingend zum Ausdruck.
Das ist in Wagners „Kindermörderin" nicht anders. Auch dort rückt der Schluss ein soziales Problem, die schuldhafte Verantwortung einer Kindermörderin für ihre Tat, ins Bild. Auch dort steht am Ende nicht die in bürgerlichem Tugendpathos verankerte Hoffnung auf eine außerirdische Gerechtigkeit und einen himmlischen Richter, sondern die eminent praktische Frage, wie Evchen als „arme Betrogene vom Schafott zu retten" sei, wie es der Magister formuliert. Der offene Schluss, die fehlende dramaturgisch überzeugende und befriedigende Lösung ist insofern Ausdruck dafür, dass die in den Stücken von Lenz und Wagner gezeigten sozialen Konflikte auch real ungelöst sind und dass das Schauspiel dieses Problem allenfalls darstellen, nicht aber „lösen" kann.

Traditionsbildung
Die Geschichte des Bürgerlichen Trauerspiels erlebt mit Schillers „Kabale und Liebe" einen Höhepunkt und einen vorläufigen Abschluss. Die Klassik verzichtet auf diese dramatische Form und greift auf eine frühere literarische Tradition, das klassizistische Drama zurück. Parallel dazu vollzieht sich die Trivialisierung des Bürgerlichen Schauspiels zum rührselig-populären Familienstück, wie sie in den Dramen Ifflands („Verbrechen aus Ehrsucht", 1784) und Kotzebues („Menschenhass und Reue", 1789) deutlich zu beobachten ist. Die selbstgefällig-saturierte bürgerliche Lebenswelt in diesen Werken lässt die Tragik des Konflikts und sozialkritische Angriffe, die neben dem Adel auch das Bürgertum selbst treffen, nicht mehr zu. Eine Erneuerung des bürgerlichen Dramas erfolgt erst im 19. Jahrhundert. Neben einigen weniger bekannten Stücken von Gutzkow (1811–1878) ist es vor allem Hebbels 1844 entstandene „Maria Magdalene", die die Tradition des kritisch-realistischen bürgerlichen Dramas wieder aufgreift und fortführt.
Die Dramatik des Sturm und Drang wirkt allerdings noch in anderer Hinsicht traditionsbildend. Insbesondere die formalen Neuerungen durch Lenz, aber auch durch Wagner u. a., und die in ihnen angelegten realistischen Darstellungsmöglichkeiten sind für die Weiterentwicklung des deutschen Dramas und der deutschen Theatergeschichte von wesentlicher Bedeutung. Die Linie reicht über Büchner („Woyzeck"), Hauptmann („Rose Bernd"), Wedekind („Frühlings Erwachen") u.a. bis ins 20. Jahrhundert. Die Stücke von Lenz und Wagner haben zudem namhafte zeitgenössische Bearbeiter gefunden: So bearbeitete Brecht 1949/50 den „Hofmeister", Brecht-Schüler Peter Hacks 1957 „Die Kindermörderin" und Heinar Kipphardt 1968 „Die Soldaten".

6 Literatur und Geschichtsbewusstsein

Für die Entwicklung eines neuzeitlichen Geschichtsbewusstseins ist die zweite Hälfte des 18. Jahrhunderts von entscheidender Bedeutung. Der Begriff „Geschichte", verstanden als Inbegriff alles Geschehenen, gewinnt erst jetzt seine eigentliche Bedeutung. „Geschichte" ist fortan immer mehr als die bloße Einzelbegebenheit (so die ursprüngliche Begriffsbedeutung), mehr auch als die Summe solcher Ereignisse (wie man den Begriff seit der mittelhochdeutschen Zeit verstanden hatte) und mehr als die Erzählung über solche Begebenheiten, als „Historie" im Sinne eines Berichts über Geschehenes (in dieser Bedeutung ist der Begriff seit dem 15. Jahrhundert belegt). Auf einer höheren Abstraktionsebene bezeichnet Geschichte nunmehr einen die Natur und die menschliche Gesellschaft stetig verändernden Entwicklungsprozess, der die Vergangenheit, die Gegenwart und die Zukunft umfasst.

Die allmähliche Entfaltung eines solchen Geschichtsbegriffs ist Ausdruck eines tief greifenden Wandels im Geschichtsdenken. Jahrhunderte hindurch hatte die christlich-jüdische Heilslehre den Rahmen einer Geschichtstheologie bestimmt, für die das in der biblischen Offenbarung geweissagte Reich Gottes Ziel der Geschichte war. Dieser Geschichtstheologie ist das Nachdenken über geschichtlich-soziale Entwicklungen, über den Wandel im historischen Ablauf im Grunde fremd. Vom Bezugspunkt der Geburt Christi aus wird die vorhergehende und die folgende Zeit als „Zwischenzeit" interpretiert, die auf Grund des menschlichen Sündenfalls auf die göttliche Erlösung angewiesen bleibt.

Die Aufklärung säkularisiert dieses theologische Geschichtsverständnis, indem sie nun an die Stelle der biblischen Heilslehre die von der menschlichen Vernunft erkannte Wahrheit als leitendes Prinzip der geschichtlichen Entwicklung setzt. Die Geschichte der Menschheit stellt sich unter dieser Voraussetzung dar als ein kontinuierlich vorwärts schreitender Prozess der Befreiung der menschlichen Vernunft von allen Hindernissen oder, wie *Kant* es 1784 in seiner bekannten Abhandlung über die Frage „Was ist Aufklärung?" formulieren wird, als „Ausgang des Menschen aus seiner selbst verschuldeten Unmündigkeit".

Lessing steht mit seinem geschichtsphilosophischen Denken deutlich in dieser Tradition der Aufklärung. 1780 erscheint seine Schrift über „Die Erziehung des Menschengeschlechts", in der er seine Vorstellungen über die Verwirklichung des göttlichen Heilsplans mit einer Stufenlehre der historischen Entwicklung im Sinne einer „Erziehung des Menschengeschlechts" verbindet. Im Hinblick auf den alten Streit, ob Offenbarung und Vernunft miteinander vereinbar seien, plädiert Lessing für ein historisch-kritisches

Verständnis der Offenbarung: Die Schriften des Alten und des Neuen Testaments sind demnach Dokumente einer moralischen Orientierung aus unterschiedlich frühen Entwicklungsphasen der Menschheitsgeschichte, die Lessing als Kindheits- und Jünglingsalter bezeichnet. Nach diesen historisch notwendigen Durchgangsstadien bildet die eigene Zeit den Beginn einer neuen Phase, in der die menschliche Vernunft die Offenbarungswahrheiten zunehmend deutlicher als „Vernunftwahrheit" erkennt. Die Schrift schließt mit einem optimistischen Ausblick auf eine „Zeit der Vollendung", in der die Menschheit „das Gute tun wird, weil es das Gute ist".
Ein Geschichtsdenken dieser Art ist in der späteren Wirkungsgeschichte der Aufklärung oft vehement in Frage gestellt oder auch zurückgewiesen worden. Kritische Stimmen, die der Utopie einer „Zeit der Vollendung" die tatsächliche Entwicklung der Geschichte gegenüberstellen, hat es immer wieder gegeben. Nach dem Erlebnis zweier Weltkriege und noch unter dem Eindruck der nationalsozialistischen Gewaltherrschaft geben vor allem die beiden Philosophen Horkheimer und Adorno in ihrem Buch „Dialektik der Aufklärung" einer solchen Kritik an der Aufklärung Ausdruck.
Das Geschichtsdenken des 18. Jahrhunderts ist insgesamt jedoch differenzierter und geht zumindest punktuell über solche Positionen wie die von Kant und Lessing hinaus. Der Sturm und Drang weist im Vergleich zu solchen aufklärerischen Positionen noch einmal spezifisch eigene Akzentuierungen auf. *Herder* gibt hier die entscheidenden Anregungen. Sein früher Beitrag „Auch eine Philosophie der Geschichte zur Bildung der Menschheit", 1773 geschrieben und ein Jahr später veröffentlicht, fasst erstmals seine geschichtsphilosophischen Vorstellungen zusammen; Elemente dieses neuen historischen Denkens bestimmen jedoch schon frühere Schriften wie etwa das „Journal meiner Reise im Jahr 1769". Mit dieser Schrift vor allem beeinflusst Herder während seines Aufenthalts in Straßburg (September 1770 bis April 1771) den Kreis der Straßburger Freunde, zu denen auch Goethe und Lenz gehören.
Herder hält an der Vorstellung des Fortschritts in der Geschichte fest – dies verbindet ihn mit aufklärerischen Positionen. Doch vollzieht sich dieser Fortschritt in seinen Augen nicht mehr linear und kontinuierlich, sondern in einem komplexen und der menschlichen Vernunft letztlich nicht mehr einsichtigen Prozess, der Brüche und Sprünge keineswegs ausschließt. Damit wendet Herder sich ausdrücklich gegen jene Aufklärer, die sich die geschichtliche Entwicklung allzu vereinfacht als einen Prozess des stetigen Fortschritts erklären und entsprechend alles Frühere unhistorisch aus der Perspektive des eigenen „aufgeklärten" Zeitalters messen. Herder betont demgegenüber den Eigenwert jeder historischen Epoche, die in ihrer Individualität und Eigenständigkeit nur aus sich heraus verstanden werden kann.

Geschichte wird in dieser Sicht zum organischen Entwicklungsprozess aufeinander folgender Epochen, die – ähnlich wie im Leben des Menschen – Phasen der Jugend, der Reife, des Alterns und des Todes aufweisen.
Herder hat diese geschichtstheoretischen Überlegungen in seiner Schrift „Auch eine Philosophie der Geschichte zur Bildung der Menschheit“ nicht systematisch entwickelt. Die für den Sturm und Drang charakteristische Abneigung gegen jede logisch strenge Theoriebildung bestimmt auch hier die Form der Darstellung.
Ähnlich unsystematisch greifen die Autoren des Sturm und Drang dieses neue Geschichtsdenken auf. *Goethes* Interesse an der Geschichte wird zweifellos durch den Einfluss Herders wesentlich verstärkt. Die kritische Distanz gegenüber der eigenen Zeit als einer Zeit des historischen Umbruchs, die ästhetisierende Behandlung der Geschichte als eines dramatischen Schauspiels, die stilisierende Verklärung historischer Epochen, die bislang einseitig abgewertet worden waren, und die Begeisterung für die Kunst der Gotik, für das Drama Shakespeares oder für die Volkslieder – all dies findet sich auch bei Herder. Dennoch setzt Goethe – wie der „Götz“ zeigt – nicht einfach Herders Anschauungen über Geschichte in Literatur um. Goethes Interesse an der Geschichte zielt im Unterschied zu Herder mehr auf die große historische Persönlichkeit, die mit ihrem Wirken und ihren Absichten in diesen Geschichtsprozess hineingestellt ist und mit diesem in Konflikt gerät.

6.1 Utopie und Idylle im 18. Jahrhundert

Thomas Morus: Insel Utopia (1516)
Daniel Defoe: Robinson Crusoe (1719)
Johann Gottfried Schnabel: Wunderliche Fata einiger Seefahrer, absonderlich Albert Julii, eines geborenen Sachsen, auf der Insel Felsenburg (1731–1743)
Salomon Geßner: Idyllen (1756)
Anonym: von dem Verfasser des Daphnis
Johann Heinrich Voß: Die Pferdeknechte (1775) – veröffentlicht in Bodes „Gesellschafter“ und im „Göttinger Musenalmanach für das Jahr 1776“

Auf dem Hintergrund der Geschichtsauffassung der Aufklärung müssen zwei literarische Schreibweisen gesehen werden, die im 18. Jahrhundert eine selbstständige und angesehene Form der Literatur bilden: Utopie und Idylle. So verschieden ihre Ausprägungen sind – die Utopie entwirft Zukunft, die Idylle vergegenwärtigt paradiesische Vergangenheit –: Beide setzen der wirklichen Welt ein Gegenbild entgegen, ein goldenes Zeitalter, das es in der Frühzeit gegeben habe und das vielleicht einmal wiederkommen werde. Beide, Utopie und Idylle, haben die Entschlossenheit zur Harmonie, wenn auch in unterschiedlichen Vorstellungen von einer harmonischen Welt, wenn auch mit unterschiedlichen Ansprüchen an den Leser. So unverkennbar der gemeinsame Ausgangspunkt ist, so verlangen sie doch – genauer betrachtet – Unterscheidung.

6.1.1 Der utopische Roman

Unter Utopie verstehen wir den theoretisch-literarischen Entwurf einer möglichen Welt, die Grenzen und Möglichkeiten einer jeweiligen Wirklichkeit übersteigt und eine substanziell andere, bessere Welt anzielt. Dieser Entwurf ist ein Gedankenexperiment, aber er ist nicht als bloßes Spiel gemeint, sondern beansprucht eine gewisse Verbindlichkeit des So-soll-es- und So-kann-es-Sein. Utopie ist das Land Nirgendwo, das einmal – nicht im Ganzen, aber in wesentlichen Strukturen – irgendwo sein soll.

Utopien entzünden sich an Krisen, daran, dass ein Ordnungssystem nicht mehr funktioniert, also z. B. nicht mehr Frieden, nicht mehr wirtschaftliche Sicherheit gewährleistet, nicht mehr Herrschaft legitimiert ist, oder daran, dass die führenden Repräsentanten des Geistes in einem grundsätzlichen Widerstreit zu dem System stehen. Die Utopie ist Kritik, sie richtet sich nicht gegen Personen, sondern sie richtet sich gegen das ganze System, und zwar nicht reformerisch gegen diesen oder jenen Zug des Systems, sondern gegen seine herrschenden Prinzipien.

Das 18. Jahrhundert ist zwar nicht mehr die Zeit der großen Utopien, wohl aber die große Zeit der Utopien. An die 40 Utopien sind allein in Frankreich erschienen. Der durch den Absolutismus entmachtete, in die Privatheit von Gesinnungen zurückgedrängte, aber so doch auch freigelassene Bürger beginnt im Namen der Tugend und der Vernunft gegen das absolutistische System den Prozess, ja den Angriff. Die Tugend der bürgerlichen Gesellschaft soll den Staat und seine Institutionen in Schranken setzen. Die Vernunft vollzieht im Namen des Naturrechts die Destruktion des Überkommenen. Die Zukunft wird der Ort der Vernunftwahrheit. Die Zukunft – der utopische Entwurf – erweist sich als Übergang zur realen Entwicklung einer besseren Welt, die in der Utopie vorweggenommene Vervollkommnung des Menschen erfüllt das Zeitalter. Die Zukunft wird nicht nur geplant, sondern anschaulich und in einem Gesamtbild entworfen.

Es lassen sich im 18. Jahrhundert zwei Ausprägungen des utopischen Romans unterscheiden. Sie sind an die Raumvorstellung „Insel" gebunden. Gegenüber der Sozialutopie des Thomas Morus haben sie an utopischem Gehalt verloren.

6.1.2 Die Robinsonade: Daniel Defoe „Robinson Crusoe"

Geist und Form von Daniel Defoes „Robinson Crusoe" sind den Bekenntnissen des Augustin verpflichtet und sicherlich nicht ohne Einfluss auf die „Bekenntnisse einer schönen Seele" in Goethes „Wilhelm Meister". Denn was Defoe hier vorführt, das ist nicht die Entdeckung einer neuen Sozialordnung bzw. der Wandlungsmöglichkeit sozialer Institutionen, sondern die Wandlungsmöglichkeit des Individuums, das zur Selbstreflexion und Selbstdisziplin erwacht, dokumentiert in Form des *Tagebuches*.
Auch Robinson findet auf seiner Insel ein Utopia, ein Paradies:

„Vor allem lebte ich hier allen Schlechtigkeiten der Welt entrückt, für mich gab es weder die Fleischeslust noch die Augenlust, noch die Eitelkeit des Lebens. Ich kannte keinen Neid, denn ich besaß alles, was mir jetzt Freude machen konnte, ich war Herr dieses ganzen Gebietes, und ich konnte mich, wenn es mir gefiel, König und Kaiser dieses ganzen Gebietes nennen, das ich in Besitz hatte. Für mich gab es keinen Rivalen [...]. Ganze Schiffsladungen Korn konnte ich produzieren [...], ich besaß genug Holz, um eine Flotte zu bauen [...]. Ich hatte genug, um mich zu ernähren und meine Bedürfnisse zu befriedigen, was sollte ich mit mehr? [...] Ich lernte mehr auf das zu achten, was mir Freude machte, als auf das, was mir noch fehlte – und das erfüllte mich oft mit einem heimlichen Glücksgefühl, wie ich es gar nicht beschreiben kann."

Aber diese glückliche Inselwelt ist nicht das Gegenbild einer verderbten wirklichen Welt, sondern das Ebenbild des „verlorenen Paradieses" seiner Väterwelt, also ein „wiedergewonnenes Paradies". Man muss Robinsons Lobrede auf das selbst geschaffene Inselparadies nur vergleichen mit des Vaters Lobrede auf den „Mittelstand", dem er angehörte und dem der Sohn treu bleiben soll, um zu erkennen, dass es die gleichen Werte sind, die jene verschmähte Vaterwelt und dieses Inselparadies des Sohnes auszeichnen. Der Vater gab ihm damals Folgendes zu bedenken:

„Ich gehörte dem Mittelstand an, dem besten und glücklichsten Stand in der Welt, wie ihn lange Erfahrung gelehrt habe, denn dieser kenne nicht das Elend [...] der arbeitenden Klasse, den Ehrgeiz und die Missgunst der Oberklasse. Der Neid, mit dem uns die anderen Klassen betrachten, zeigte doch genügend, wie glücklich die unserige sein müsse. Auch ein König [...] hätte seinen Platz lieber zwischen den Extremen, zwischen hoch und niedrig gehabt. Und selbst der weise Salomo bezeuge, dass in der Mitte das wahre Glück liege [...]. Dem Mittelstand seien alle Tugenden und Freuden beschieden [...]. Nun drang der Vater ernst und liebevoll in mich, mich nicht wie ein dummer Junge ins Unglück zu stürzen, vor dem mich ein gütiges Geschick offensichtlich bewahren wolle."

So dokumentiert Defoes Robinsonade zwei Schwellenerlebnisse des aufstrebenden Bürgertums: Die jeweils bereits etablierte Vätergeneration wird sich ihres überlegenen Sozialprestiges über alle anderen sozialen Schichten ge-

wiss; die jeweilige junge Generation aber sieht sich mit schweren psychischen Problemen konfrontiert, denn das Hineinwachsen in die streng rational konstruierte Vernunftwelt des Bürgertums fordert die Verbindung von fast unvereinbaren Kräften: unbeirrbare Kreativität und Anpassung. Robinson verweigert diese Anpassung.
Die ersten Schiffbrüche erkennt er sogleich als „Strafe des Himmels für [sein] leichtfertiges Verlassen des Vaterlandes [...]; fasste den Entschluss, reuevoll wie der verlorene Sohn zu [seinem] Vater heimzukehren". Aber es bedurfte noch weiterer „Strafgerichte". Die Insel wird für ihn jahrelang zum Ort der Gefangenschaft, der Verbannung, bis er unter schwerster Arbeit und Krankheit und schrecklichen Gerichtsträumen endlich zur Selbstbesinnung kommt:

„Erst jetzt, als ich erkrankt war und die Schauer des Todes mich leise anrührten, als mein Lebensmut unter dem Druck der Krankheit zu versagen begann und das Fieber meine Kräfte erschöpfte, jetzt erwachte mein Gewissen aus einem langen Schlaf. [...] Mein Traum wurde wieder lebendig in mir, und die Worte: Alles dies hat dich nicht zur Ruhe veranlasst, gingen mir ernstlich durch den Kopf; andächtig flehte ich um Reue. [...] Ich betete in vollem Bewusstsein meiner Lage [...], und von da an wuchs die Hoffnung in mir, dass Gott mich doch noch erhören werde. [...] Ich hatte bisher unter dem Wort Errettung nur die Errettung aus meiner Gefangenschaft verstanden, denn wenn die Insel auch geräumig war, für mich bedeutete sie doch wirklich ein Gefängnis im schlimmsten Sinn des Wortes. Jetzt aber fasste ich die Worte ganz anders auf [...]."

Wenige Tage später zeigte sich die Wirkung dieser inneren Wandlung bei einer „Entdeckungsreise" auf seiner Insel:

„Das Land schien mir so frisch, üppig und blühend, alles stand in einem so saftigen Frühlingsgrün, dass es mir wie ein gepflegter Garten vorkam. Ich stieg dieses köstliche Tal ein wenig hinab und ließ meine Augen, freilich nicht ohne Wehmut, über das Land schweifen: Ich stellte mir vor, dass alles dies mein Eigentum sei und ich der Herr und Gebieter über das ganze Land, das mir nach allen Rechten gehörte."

Aus dem verlorenen Sohn und Unglücksmenschen wird von nun an der neue Adam, der diesen Paradiesgarten pflegen darf und ihn sich zum Reich des Friedens, der Arbeit und der dankbaren Genügsamkeit gestaltet:

„Ich hatte mich völlig in den Willen Gottes ergeben [...] und fand so endlich die vollkommene Ruhe des Gemüts."

So ist Defoes Bekenntnisbuch des Robinson Crusoe das Dokument einer inneren Wandlung und Selbstfindung, durch die ihm die kreativen Kräfte zuwachsen, um sein Gefängnis zu einer vollkommenen, paradiesischen Welt, einem Utopia, umzugestalten.

Ein bürgerlich-christliches Individuum, das das Hineinwachsen in die christliche Väterwelt ohne Konflikte vollziehen und bekennen kann, zeigt *Goethe* 50 Jahre später in dem Bildungsroman „Wilhelm Meister" und nennt es in der Begrifflichkeit des deutschen Idealismus eine „schöne Seele". Mit Defoe verbindet ihn das Bewusstsein von der Bedeutung religiöser bzw. weltanschaulicher Reflexion und Selbstreflexion für die Selbstfindung des bürgerlichen Jugendlichen.
Die Selbstfindung und die daraus erwachsende Erschaffung seines Reiches Utopia haben ihre Ursache im Irrationalen, im „Wunder", wie Robinson unermüdlich bezeugt. Auch von dieser Grunderfahrung bewahrt der bürgerliche Entwicklungsroman etwas, wenn Wilhelm Meister sich vergleicht mit „Saul, [...] der auszog, seines Vaters Eselinnen zu suchen, und ein Königreich fand."
Das Motiv des Robinson, insularische Abgeschlossenheit von der menschlichen Gesellschaft, findet beim Lesepublikum des 18. Jahrhunderts Anklang. Es erscheinen viele Nachahmungen, man fasst sie in dem Sammelbegriff „Robinsonaden" zusammen. Sie bestimmen die Entwicklung des Kinder- und Jugendbuches. Die Bearbeitung des Pädagogen Joachim Heinrich Campe, „Robinson der Jüngere" (1799), steht am Ende der zahlreichen Umgestaltungen des „Robinson Crusoe". Sie machen einen großen Teil der Trivialliteratur aus, die immer mehr Leser erreicht. Die Robinsonaden entwickeln sich in verschiedene Richtungen. Immer verlässt der Reisende das Vertraute. Oft ist die Reise nur kurz, freiwillig und unfreiwillige Landungen führen zu Entdeckungen, eine abenteuerliche Reise wird beschrieben. Oder der Held entdeckt neue Staatsgebilde, die die Realität korrigieren, bekämpfen oder ins Lächerliche karikieren. Sie sind Variationen, manchmal nur Karikaturen der ursprünglichen Utopie. Die Reise vollzieht sich mit wundersamen Verkehrsmitteln oder auch nur im Traum. Die Heimreise – und meist kehren die Abenteurer reumütig zurück – ist meist ebenso wunderbar. Die freiwillige Eingliederung in die vertraute Gesellschaft beschließt meist die Reise, und damit ist die Utopie endgültig aufgegeben.

6.1.3 Die Fluchtutopie: Schnabel „Insel Felsenburg"

Die Insel ist ein sozusagen „wirklich bestehendes" (im geografischen Raum gedachtes) besseres Gegenbild zur gesellschaftlichen Wirklichkeit. Sie liegt außerhalb der Gesellschaft. Man träumt davon, auf dieser Insel zu sein, und wandert aus ihr. Sie ist also Asyl. Die Insel rückt in die Analogie zum christlichen Paradies und ist darum ein besserer Gegenbereich zum Draußen, mit dem zugleich Staat und Gesellschaft abgelehnt werden. Es findet ein doppelter Rückzug statt: der Rückzug aus der Gesellschaft auf das Ich und die Gemeinschaft und aus der Welt in die Isolation der Insel.

Dazu gehören Schnabels „Insel Felsenburg“ und die deutschen Südseevorstellungen in den Trivialromanen des 18. Jahrhunderts.

Schnabel erzählt, wie der Sachse Albert Julius nach einem Schiffbruch auf einer einsamen Insel mit der nach allerlei Wirrnissen allein übrig gebliebenen Concordia, die seine Gemahlin wird, ein patriarchalisches Staatswesen einrichtet. Später kommen Schiffbrüchige und europäische Auswanderer hinzu. Deren Lebensgeschichten, die alle von schlimmen Erfahrungen in Europa handeln, machen im Wesentlichen den Umfang des Romans aus.

Schnabel ist bemüht, seine Geschichte als wahre Erzählung auszugeben; es fehlt im 18. Jahrhundert nicht an Versuchen, nach diesem erwünschten Eiland auszuwandern. Während Robinson und die Robinsons in den Nachahmungen sich mit ganzer Kraft von ihrem Eiland wegsehnen, wird die Insel Felsenburg für Albert und Concordia ein Asyl vor Verfolgung und Bosheit in Europa. Anders als Defoe geht es Schnabel nicht darum, die Welt zu erfahren. Man kann nur glücklich werden, wenn man sich aus ihr zurückzieht.
Nirgends zeigen sich die Unterschiede zwischen der Robinsonade und der „Insel Felsenburg“ deutlicher als in der Gestaltung der Inseln. Robinsons Exil wird niemals zusammenfassend geschildert, sondern wird erst nach und nach und nie vollständig erforscht. Zur Insel Felsenburg hingegen wird im ersten Band ein Grundriss beigegeben, auf den die Beschreibung sich stets bezieht. Von vornherein ist deutlich, dass die Insel völlig beherrscht wird. Sie erscheint als irdisches Paradies. Die Natur kommt dem Menschen entgegen. Er gestaltet sie zum Garten, zur Kulturlandschaft um. Die Insel Felsenburg hat nur Sinn als Gegenbereich zu dem Bild Europas, das im Roman erscheint. Es ist der Entwurf einer Gegenwelt aus bürgerlich-pietistischem Geist, durch den gezeigt wird, dass der Mensch nicht grundsätzlich schlecht ist, sondern dass er durch üble Sitten verdorben wird.
Deshalb steht dem Europa des Romans die Schilderung des idealen Lebens einer frommen, auf Tugend und Einfachheit gegründeten, nichtständischen Gemeinde gegenüber. Damit hat die „Insel Felsenburg“ nichts mehr mit der Robinsonade zu tun.
Der Standort des Erzählers in dem Roman Schnabels ist auf der Insel Felsenburg selbst. Die „Insel Felsenburg“ – so fingiert Schnabel – wurde auf der Insel als eine Art Chronik niedergeschrieben. Nur durch einen in der Vorrede erzählten angeblichen Unglücksfall wird das Manuskript in Europa publik. Dadurch blickt in der Perspektive des Romans kein Europäer nach Utopia, sondern ein Felsenburger nach Europa. Der Leser aber wird auf die Felsenburg versetzt und sieht mit den Augen der Insulaner. Diese Utopie regt ihn kaum an, über die Verhältnisse in seinem eigenen Land nachzudenken, er selbst wird diesen Verhältnissen entrückt.

6.1.4 Die Idylle

Während die Utopie die Totalität menschlichen Zusammenlebens in eine ideale Ordnung bringen möchte, beschränkt sich die Idylle auf einen abgegrenzten Raum, in dem geschichtslos – ewig wiederkehrend – menschlich natürliche, erfreuliche Lebensumstände möglich sind, abgesondert von allen Widerwärtigkeiten der realen Welt. Sie besitzt keine klar gefügte Struktur, sondern ist durch eine Reihe von Motiven gekennzeichnet, die eben diese kleine, harmonische Welt versinnbildlichen: Schäfer, Bauern, Liebende, Kinder, friedvolle, alte Menschen beleben in scheinhafter Handlung die Landschaft, weitab von der Zivilisation, ein Arkadien, das Vorstellungen vom Paradies wachruft. Was jeweils unter diesen menschlichen Grundformen, diesen paradiesischen Zuständen verstanden wird, ist die Sache der Epoche und des einzelnen Dichters.

Stritt man sich vor Geßner darum, ob Fiktion oder Realität die Idylle bestimmen solle, so führt Geßner die Gattung aus dieser Spannung heraus. Er befriedigt das Bedürfnis nach Idealität wie das nach Natürlichkeit, indem er beides verbindet und das *Empfinden* als maßgebliches Kriterium für die Idylle setzt. In seiner Vorrede beruft er sich auf das *Naturgefühl* als oberste Instanz. Die Gemälde aus dem goldenen Weltalter gefallen, „weil sie oft mit unseren seligsten Stunden, die wir gelebt haben, Ähnlichkeit zu haben scheinen". Geßner verlagert die Instanz, die über Wahrheit zu entscheiden vermag, ins Subjektive. Er bevölkert seine Idylle mit „sonderbaren Schönheiten", denen der Dichter „ihr Rauhes" zu nehmen hat, „ohne den Ihnen eigenen Schnitt zu verderben". Die Landschaft bietet dem Naturgefühl, der Begeisterung für die Natur Nahrung, die Menschen entsprechen der Vorstellung vom „natürlichen Guten", so dass die Leser die „Einfalt der Natur" empfinden, ohne noch nach dem Realitätsgehalt der Idylle fragen zu wollen.

In der zweiten Hälfte des Jahrhunderts wird gegen die arkadischen Vorstellungen vom Landleben, wie sie Geßners Idylle bestimmen, protestiert. Sie werden mit der rauen Realität, mit der Armut des Fronbauern konfrontiert. Die Wendung zur Wirklichkeit verbindet sich bei Voß mit einer sozialpädagogischen Absicht. *Die Pferdeknechte* (in der gleichnamigen Idylle), von großer Nüchternheit, klagen den Gutsherrn an, der dem leibeigenen Knecht Hochzeit und Freiheit versprochen hat, sie aber verweigert, weil ihm das mühsam ersparte Geld zum Loskauf nicht genügt.

Aber dieser Anti-Idylle setzt Voß in späteren Idyllen doch wieder den lehrhaften Ausgleich entgegen, die realistische Szenerie bleibt Staffage. Die Wahl des Hexameters, die Festlegung bestimmter Redeformen rücken die Idyllen trotz des Dialekts, den er in einigen seiner Idyllen aufnimmt, ins zeitlos Allgemeingültige.

6.2 Eine Utopie der idealen Kommunikationsgemeinschaft: Lessing „Nathan der Weise“

Gotthold Ephraim Lessing:
Veröffentlichung von Hermann Samuel Reimarus „Fragmente eines Ungenannten“ (aus dem Nachlass) (1774)
Ernst und Falk. Gespräche für Freimaurer, Teil I–III (1778)
Nathan der Weise (1779)
Die Erziehung des Menschengeschlechts (1780)
Ernst und Falk. Gespräche für Freimaurer, Teil IV und V (1780)

Die Selbstdeutung Lessings: Zur Entstehung des Dramas. Wenn man von der Selbstdeutung Lessings ausgeht, dann ist auch dieses Drama eine Utopie. In der „Ankündigung“ vom 8. August 1778 heißt es:

„Da man durchaus will, dass ich auf einmal von einer Arbeit feiern soll, die ich mit derjenigen frommen Verschlagenheit nicht betrieben habe, mit der sie allein glücklich zu betreiben ist: So führt mir mehr Zufall als Wahl einen meiner alten theatralischen Versuche in die Hände, von dem ich sehe, dass er schon längst die letzte Feile verdient hätte. Nun wird man glauben, dass ihm diese zu geben, ich wohl keine unschicklichen Augenblicke hätte abwarten können, als Augenblicke des Verdrusses, in welchen man immer gern vergessen möchte, wie die Welt wirklich ist. Aber mitnichten: Die Welt, wie ich sie mir denke, ist eine ebenso natürliche Welt, und es mag an der Vorsehung wohl nicht alleine liegen, dass die nicht ebenso wirklich ist.“

Lessing wendet sich seiner „alten Kanzel, dem Theater“ zu, wie er in einem Brief an Elise Reimarus schreibt. Nach den Vorstellungen und Erfahrungen Lessings ist die wirkliche Welt keine natürliche, die sie sein könnte; die Menschen verhindern die Übereinstimmung von Natürlichkeit und Wirklichkeit. Dieser Zustand der Welt ist weder von der Vorsehung gewollt noch geschichtsphilosophisch zu rechtfertigen. Die Übereinstimmung wiederherzustellen, die Welt darzustellen, wie sie sein sollte, „wie ich sie mir denke“, das meint Lessing nur auf der Bühne veranschaulichen und darlegen zu können. Und so verbindet er mit dem Drama den Anspruch, den Zuschauern eine Utopie vorzustellen.
Lessing greift zu einem Zeitpunkt auf die dramatischen Entwürfe zum „Nathan“ zurück, da er als Bibliothekar in Wolfenbüttel die Behinderung der öffentlichen Rede und Diskussion in Glaubensfragen am eigenen Leibe erfahren hat und das Theater als „Sprachrohr“ für seine Utopie wahrnimmt. Der Herzog von Braunschweig verbot am 13. Juli 1778 dem Bibliothekar Lessing in Wolfenbüttel, einen öffentlichen Disput über theologische Fragen fortzusetzen. 1774 hatte er begonnen, Schriften des Hamburger Pro-

fessors für orientalische Sprachen Hermann Samuel Reimarus mit Kommentaren herauszugeben, die dieser in den 1750er Jahren verfasst, aber nicht zu drucken gewagt hatte. Lessing veröffentlichte ohne Nennung des Verfassers sieben so genannte Fragmente, in denen Reimarus beide Testamente vom Standpunkt einer natürlichen, vernünftigen Gotteserkenntnis, des Deismus, kritisiert. Obwohl in den Kommentaren Lessings deutlich wird, dass er sich nicht mit dem Standpunkt des Rationalisten identifiziert, er eigentlich nur mit der Veröffentlichung der Fragen eine theologische Diskussion in der Gelehrtenwelt einleiten und die Wolfenbütteler Bibliothek im Gespräch halten will, wurde er scharf kritisiert. Allein die Herausgeberschaft eines solchen Werkes genügte für die Kritik. 1777 griff der Hamburger Pastor Goeze ein und setzte seine kirchenpolitische Macht gegen Lessing ein; er beeinflusste den Herzog von Braunschweig, dem Wolfenbütteler Bibliothekar den öffentlichen Disput zu verbieten. „In diesem Augenblick des Verdrusses, in welchem man immer gern vergessen möchte, wie die Welt wirklich ist", setzt nun Lessing mit dem „Nathan" der wirklichen Welt eine „natürliche" entgegen. Lessing interpretiert den „Nathan" also als einen Entwurf von Wirklichkeit, einen Entwurf einer Welt, wie sie sein könnte, nämlich nichts anderes als eine natürliche Welt. Die Übereinstimmung der Welt, wie sie ist, und der Welt, wie sie sein könnte, ist, wie oben dargelegt wurde, ein Kennzeichen der Utopie. Wie die mögliche Welt in die wirkliche Welt zu überführen ist, dazu vermittelt das Drama den handelnden Personen – wenn auch graduell unterschieden –, vor allem aber dem Zuschauer die nötige Erkenntnis.

Raum und Zeit des utopischen Entwurfs. Dass Lessings Utopie in der räumlichen Ferne des Orients erscheint, hat mehrere Gründe. Im Zeitalter des entstehenden Welthandels übten die nichtchristlichen Kulturen eine starke Faszinationskraft auf die gebildete Gesellschaft des Abendlandes aus. Lessing appelliert an ein vorhandenes Leserinteresse, wenn er im „Nathan" den Orient als Schauplatz wählt.

Lessing legt die Handlung in die Zeit der Kreuzzüge, ins Jahr 1192. Ort der Handlung ist Jerusalem, die für die drei Offenbarungsreligionen heilige Stadt. Es ist daher ein geeigneter Schauplatz, um die Diskussion der Priorität einer Religion auszutragen.
1187 eroberte der mohammedanische Sultan Saladin Jerusalem und dehnte seine Macht im Vorderen Orient aus. In der historischen Zeit der politischen und religiösen Unruhen lässt Lessing die Lehre von der Toleranz und der Möglichkeit der Versöhnung entstehen.

Das (Wunsch-)Bild eines Zeitalters, in dem Menschlichkeit und Toleranz gelebt werden können, bedeutet zugleich Kritik an Lessings eigener Zeit. Er entfaltet seine aufklärerischen Gedanken gegen Verblendung und Fanatismus auf dem Hintergrund selbst erlebter Engstirnigkeiten und Zwänge.

Nathan, in die Zeit der Kreuzzüge gesetzt, ist ein mündiger Mensch des 18. Jahrhunderts, der den Prozess der Aufklärung voranzutreiben vermag, weil er selbst aufgeklärt ist.
In der Ringparabel wird auf weit zurückliegende „graue Jahre" verwiesen; am Ende der Parabel wird von der fernen Zukunft „in tausend Jahren" gesprochen. Die unterschiedlichen Zeitebenen vermitteln den Eindruck eines historischen Prozesses, in dem Intoleranz allmählich überwunden werden kann. Am Schluss steht die Utopie einer Versöhnung aller, die freilich nur im Familienverband gezeigt werden kann.

Das Familienstück – utopischer Entwurf einer harmonischen Gesellschaftsordnung. „Nathan" kann als Entwurf einer von der Vorsehung geordneten Welt gelten. Die Diskrepanz zwischen historischer Wirklichkeit und geschichtsphilosophischem Ziel („Vorsehung") zu überwinden, das ist die Aufgabe des Menschen.
Aus Lessings Überzeugung wird deutlich, dass sich in der Aktivität des Menschen ein göttlicher Weltplan erfüllt. Am Anfang des Stückes stehen sich drei Parteien gegenüber: Nathan und Recha, der Tempelherr, Sittah und Saladin. Am Ende steht die Versöhnung aller im Bild der Familie. Die Handlung entwickelt sich als eine Zusammenführung einer Familiengemeinschaft, die über die drei Religionen hinausragt.

In Jerusalem lebt der reiche Kaufmann Nathan, dem die Christen sieben Söhne getötet haben. Er hat darauf Recha, ein Christenmädchen, an Kindes statt angenommen und mit Hilfe Dajas, einer Christin, erzogen. Als Nathan von einer Reise heimkehrt, erfährt er, dass ein junger Tempelritter, ein Gefangener des regierenden Sultans Saladin, Recha aus den Flammen einer Feuersbrunst gerettet habe. Nathan lädt den Retter in sein Haus, dieser lehnt ab, weil Nathan Jude ist. Erst nach mehreren Einladungen besucht der Tempelherr Recha. Er verliebt sich in sie. Nathan will davon nichts wissen. Der Tempelherr, dem Daja die christliche Herkunft Rechas verraten hat, trägt den Fall dem Patriarchen von Jerusalem vor. Dieser bezeichnet als Strafe für ein solches Verhalten den Feuertod.
Mit dieser Handlung verbindet sich eine andere. Sultan Saladin, dessen Freigebigkeit schon so weit geführt hat, dass seine Schwester die Hofhaltung bezahlen muss, ist wieder einmal in Geldnot. Er lässt den reichen Kaufmann Nathan kommen, um Geld von ihm zu leihen. Da er jedoch auch von der Weisheit des Juden gehört hat, stellt er ihm die Frage, welche Religion die wahre sei. Nathan antwortet darauf mit der Ringparabel. Saladin ist betroffen von der Weisheit Nathans, er schließt Freundschaft mit ihm. Als Saladin Recha mit dem Tempelherrn verloben möchte, wehrt Nathan ab. Er hat erfahren, dass Recha und der Tempelherr Geschwister sind. Beider Vater ist der verschollene Bruder Sultan Saladins. So erweisen sich die als Jüdin aufgezogene Recha, der christliche Tempelherr und der Muslim Saladin als Glieder einer einzigen Familie.

Im Modell der Familie ist der sozial-ethische Gehalt des Stückes erkennbar. Erkennbar wird auch seine Herkunft aus der Tradition der christlichen Sozialvorstellungen, in deren Zentrum die Familie steht. Das Bild der Familie trägt die Erinnerung an den verlorenen Zustand des Heils in sich und die Hoffnung, diesen Zustand wiederzugewinnen. Der symbolische Charakter der „stummen Wiederholungen allseitiger Umarmungen" am Schluss des Stückes verlangt die Deutung eines geschichtsphilosophischen Entwurfs und verweigert sich der Deutung des Dramas als bloßem Familienstück.

„Nathan" – Drama der Verständigung. Die rein faktischen Beziehungen, die als Vorgeschichte der Handlung vorausgesetzt werden – die Rettung Rechas, die Begnadigung des Tempelherrn, die Annahme Rechas als Nathans Tochter –, sind nicht ohne weiteres moralisch wertvoll; sie werden im Verlaufe des Stückes durch freundschaftliche Beziehungen abgelöst. Nur der Patriarch wird nicht zum Freund. Der Wandel wird ermöglicht durch die Bereitschaft und Fähigkeit aller zum Gespräch. Die Gespräche sind als wörtlich genommene Aufklärung ein konstituierendes Merkmal der Utopie Lessings. Wenn Nathan es im Gespräch mit seiner Tochter (I.2) gelingt, ihren Wahnglauben, von einem Engel gerettet zu sein, zu zerstören und ihr die Einsicht zu vermitteln, dass wahre Wunder der Menschlichkeit alltäglich werden können, dann weist dieses Gespräch der Verständigung den Weg zum Verstehen und zur praktischen Einstellung. In dem Gespräch Nathans mit dem Tempelherrn (II.5) ist der Beginn noch mit sozialen und religiösen Vorurteilen des Ritters gegenüber dem reichen Juden Nathan besetzt. Der Tempelherr will nichts mit Nathan und dem Judenmädchen zu tun haben. Nathan durchbricht das Vorurteil, indem er zuerst auf der geschäftlichen Ebene argumentiert („Ich bin ein reicher Mann. – Der reiche Jude war mir nie der bessere Jude."), dann in das Persönliche übergeht und auf die gemeinsame Möglichkeit aller Menschen, gut zu sein, hinweist („Ich weiß, wie gute Menschen denken, weiß, dass alle Länder gute Menschen tragen."). Er beruft sich dabei auf Erfahrung und fordert dreierlei: „nicht makeln, sich vertragen, sich nicht vermessen". Die gleiche Erfahrung von Intoleranz in der historischen Situation beider führt zur Einsicht in die Notwendigkeit religiöser Toleranz.

Am ausgeprägtesten ist die Utopie der Verständigung in dem Gespräch zwischen Nathan und Saladin (III.4, 5), in die die Ringparabel eingebettet ist. Wenn auch Saladin von Nathan Geld will, um seiner Großherzigkeit frönen zu können, so nimmt Nathan den Vorwand Saladins, die Frage nach der wahren Religion auf, hebt das Gespräch in die öffentliche Diskussion („Ach, möge doch die ganze Welt uns hören.") und entwirft mit der Ringparabel ein Denkmodell, das keinen einfachen Vernunftschluss erlaubt. Er vermeidet es, Vernunftgründe für eine der drei Religionen anzuführen. Er rekonstruiert in Anlehnung an die Parabel Boccaccios im „Decamerone" die Geschichte der drei Ringe, doch enthält die Rekonstruktion Ungewissheit: Der Richter fällt keinen Spruch, sondern gibt einen Rat, und am Ende muss der Richter auf jenen Richter verweisen, dessen Wahrheit auch er nicht kennt. Doch kann der zeitliche Richter seinen Rat zum Prinzip des menschlichen Zusammenlebens erheben. Dieses wird durch den Glauben erreicht, dass durch die Vorsehung die Menschen und ihr sittliches Streben auf eine höhere Stufe der Vollkommenheit geführt werden. Das persönlich verantwortete Handeln des Menschen als Einpassung in den Plan Gottes ist nach dem Rat des Richters eine notwendige Voraussetzung für diese Entwicklung. Damit wird die Utopie Verpflichtung für menschliches Handeln im Ablauf der Geschichte.

Der Gedanke von der Verwirklichung des Guten um des Guten willen verbindet die Parabel mit der theoretischen Schrift „Die Erziehung des Menschengeschlechts". Sie hat trotz der apodiktisch erscheinenden Paragrafeneinteilung etwas Dialogisches. Stellenweise wird ein Du angeredet. Der religiöse Weg der Menschheit wird als ein Erziehungsplan Gottes angesehen. Die historischen Offenbarungsreligionen werden nun statt in der Gleichzeitigkeit in ihrer Aufeinanderfolge gesehen, die schließlich in einer Zeit des „ewigen Evangeliums" gipfeln, d. h. in einer religiösen Vernunft, in der das Gute um des Guten willen getan wird.

Die Grenzen der Utopie. Nathans Vorstellungen von einer besseren Welt bestimmen auch sein Handeln. Er stellt freiwillig sein Eigentum dem Sultan zur Verfügung (vgl. III.7, IV.3). Und doch bringt Lessing dem Zuschauer auch ins Bewusstsein, dass Besitz Gutsein verhindern kann. Nathan warnt selbst vor Wuchergeschäften, aber vor allem relativiert Al Hafi die Utopie. Al Hafi kann als „Kerl im Staat" nicht mehr als „Mensch" und „Freund" fühlen, er ist entschlossen, nicht „anderer Sklave" zu sein, und wandert aus, geht an den Ganges, wo er meint, sich selbst leben zu können. Der frühzeitige Abgang Al Hafis (II.9) lässt erkennen, dass Lessing von der Isolation, der Flucht nicht viel hält, dass er Selbstverwirklichung in sozialer Verantwortung im „Nathan" darzustellen versucht. Aber die Gestalt Al Hafis machte dem Theaterpublikum des 18. Jahrhunderts auch bewusst, dass eine Diskrepanz besteht zwischen den ökonomischen Bedingungen der wirklichen Welt und seinem Entwurf von einer besseren. Wenn auch das Geld, der Besitz Nathan nicht daran hindern, gut zu sein – Al Hafis Flucht kann er nicht verhindern. In der Vereinigung aller am Schluss fehlt Al Hafi.

Der Dialog als Medium der Wahrheitsfindung – „Ernst und Falk". In engem Zusammenhang mit der utopischen Perspektive, wie der „Nathan" sie entwirft, stehen die „Gespräche für Freimaurer".

1771 war Lessing in Hamburg einer Freimaurerloge beigetreten, sehr bald setzte seine Enttäuschung ein. In den fünf „Ernst und Falk" betitelten „Gesprächen für Freimaurer" (1778, 1780) sucht er den idealen Begriff von der „Wesenheit" einer Freimaurerei zu vermitteln, die – nicht an Institution und Namen gebunden – auf eine allgemeine, aufgeklärte Humanität und die Herrschaft des Guten abziele. Der Dialog ist auch hier das Medium der Wahrheitsfindung, die Sprache ist auch hier die gesprochene Sprache, allerdings eine rhetorisch überhöhte. Der Dialogform der Freimaurergespräche entspricht die Ringparabel. Beides ist esoterische Rede, vorerst gemeint für Eingeweihte, beides dient der Vergegenwärtigung einer Wahrheit, die sich noch Geltung verschaffen muss.

Vor allem Teile des zweiten und dritten Gesprächs wirken wie Kommentare zum „Nathan". Ganz situationsgebunden setzt das zweite Gespräch ein. Nach wenigen Worten wird die Sprache doppelsinnig, aus der Betrachtung der Ameisen, einem Vergleich mit den Bienen werden die Begriffe der Ordnung, der Gesellschaft, der Regierung entwickelt. Der Sinn des Staates und seiner Verfassungen steht mit einem Male als Thema da. Staatsverfassungen stören als menschliche Erfindungen die Entfaltung der natürlichen Welt. Sie richten Scheidemauern auf. So wird „das Mittel, welches die Menschen vereinigt, um sie durch diese Vereinigung ihres Glücks zu versichern", nämlich die Staatsordnung, zugleich Ursache ihrer Trennung. Unterschiedliches Klima verursacht unterschiedliche Bedürfnisse, aus den unterschiedlichen Bedürfnissen entstehen unterschiedliche Gewohnheiten und Sitten, schließlich unterschiedliche Religionen. Somit bilden weitere Schranken: die Vorurteile der „Völkerschaft", der „angeborenen Religion", der ständischen bürgerlichen Gesellschaft. Die Trennungen sind unvermeidlich. Es entsteht eine doppelte Aufgabe: die Pflege der menschlichen Bindungen innerhalb einer Staatsverfassung, die höhere Aufgabe aber ist die Aufhebung dieser Trennungen kraft der Vernunft. Die Verwirklichung dieser Aufgabe liegt bei den „Weisesten und Besten eines jeden Staats", Lessing nennt sie die „Freimäurer", aber ihr Rang erwächst nicht aus der Zugehörigkeit zur Loge, sondern in der menschlichen Haltung. Der Name ist symbolisch zu sehen. Von hier aus verstehen wir das Handeln der Menschen im „Nathan", vor allem aber das Handeln Nathans selbst.

6.3 Das Drama als Sinnbild der Geschichte: Goethe „Götz von Berlichingen“

Johann Wolfgang von Goethe: Zum Shakespearestag (1771)
Geschichte Gottfriedens von Berlichingen mit der eisernen Hand dramatisirt (sog. Urgötz) (1771)
Götz von Berlichingen mit der eisernen Hand. Ein Schauspiel (1773)
Johann Gottfried Herder (Hrsg.): Von deutscher Art und Kunst (hierin Herders Shakespeare-Aufsatz) (1773)

Geschichtsbewusstsein ist für die jungen Autoren des Sturm und Drang zunächst kritisches Bewusstsein der eigenen Zeit gegenüber. Dieses wird bestimmt durch ein fundamentales Spannungsverhältnis: Einerseits lähmt das Gefühl der Ohnmacht angesichts gesellschaftlicher Verhältnisse, die der Entfaltung der eigenen produktiven Kräfte kaum Möglichkeiten gewähren. Andererseits schlägt diese resignative Haltung leicht um in ein trotziges Aufbegehren gegen die Zwänge der Zeit – ein Protest, der sich vor allem in einem übersteigerten Selbstwertgefühl Luft zu schaffen versucht.
Goethe hat in der Figur des Götz dieses widerspruchsvolle Lebensgefühl eindrucksvoll Gestalt werden lassen – ein Umstand, der den spektakulären Erfolg dieses Stückes mit erklären hilft. Die erste Fassung, der sog. „Urgötz“, wird im Herbst 1771 in wenigen Wochen niedergeschrieben. Herder erhält das Manuskript mit der Bitte um eine Stellungnahme zugeschickt. (Im Druck erscheint diese frühe Fassung erst 1832 nach Goethes Tod.) Im März 1773, wiederum in einigen wenigen Wochen, nimmt Goethe eine Überarbeitung seines Stückes vor, das noch im Juni desselben Jahres unter dem Titel „Götz von Berlichingen mit der eisernen Hand. Ein Schauspiel“ im Druck erscheint.

Shakespeare als Vorbild. Für die Dramatisierung der Lebensgeschichte einer solchen historischen Figur findet Goethe in den Dramen Shakespeares ein Vorbild. Seine Rede „Zum Shakespearestag“, auch sie ein Dokument für die Shakespeare-Begeisterung des Sturm und Drang, wird (wie der „Urgötz“) im Herbst 1771 verfasst und am 14. Oktober anlässlich einer Shakespeare-Feier vor Freunden in Frankfurt vorgetragen. Die Lektüre der Dramen Shakespeares hat, wie Goethe in der Rede bekennt, ihm die Augen geöffnet für eine neue Dramaturgie, die die künstlichen Regelmäßigkeiten des klassischen französischen Dramas als „lästige Fesseln unserer Einbildungskraft“ ablehnt. Was hier für die Einheiten des Ortes, der Zeit und der Handlung gilt, gilt auch für die Darstellung der Charaktere auf der Bühne. Auch sie müssen aus jenen Fesseln des „so genannten guten Geschmacks“ befreit werden, damit sie wieder in ihrer wahren Natur („nichts so Natur als Shakespeares Menschen“) zum Vorschein kommen.

„Und was will sich unser Jahrhundert unterstehen, von Natur zu urteilen. Wo sollen wir sie her kennen, die wir von Jugend auf alle geschnürt und geziert an uns fühlen und an andern sehen.“

Hier wird einmal mehr der zeitkritische Aspekt der Dramentheorie des Sturm und Drang erkennbar. Das in den gesellschaftlichen Konventionen eingesperrte Ich muss erst wieder zu einem Leben befreit werden, in dem Tätigkeit und Handeln die obersten Werte darstellen.
In den Dramen Shakespeares findet Goethe solche Charaktere und eine Dramaturgie, die „die Geschichte der Welt vor unsern Augen an dem unsichtbaren Faden der Zeit“ wie in einem „Raritätenkasten“ vorbeiziehen lässt. So wie Shakespeares Stücke sich alle drehen „um den geheimen Punkt (den noch kein Philosoph gesehen und bestimmt hat), in dem das Eigentümliche unseres Ichs, die prätendierte Freiheit unseres Wollens, mit dem notwendigen Gang des Ganzen zusammenstößt“, so kann auch das zeitgenössische Theater diese historische Entwicklung nicht mehr im Sinne der Aufklärung erklären. Es kann Geschichte allenfalls wie in einem Bilderbogen veranschaulichen. Der „Götz“ – und das gilt für den „Urgötz“ noch deutlicher als für die überarbeitete Fassung – zeigt das Wirken des großen Individuums in der Geschichte genau in diesem Sinne.

Die „alte“ und die „neue Zeit“. Die Aktualität des „Götz“ gründet für die Stürmer und Dränger vor allem in der zeitkritischen Tendenz des Stückes. Das territorial-absolutistische System der Gegenwart wird zum Gegenstand einer Kritik, die die Wurzeln des Übels aus der historischen Entstehungsphase dieser Herrschafts- und Wirtschaftsordnung im 16. Jahrhundert aufdeckt. Diesen Zielpunkt der Kritik hat Goethes Geschichtsdrama also mit dem Bürgerlichen Trauerspiel gemeinsam, nur wird hier nicht die bürgerliche Familie, sondern einer jener letzten reichsunmittelbar lebenden Ritter der höfischen Welt gegenübergestellt.
Götz lebt frei und unabhängig auf seiner Burg Jagsthausen im Fränkischen, nur Gott und seinem Kaiser fühlt er sich untertan. Sein Verhältnis zu den Menschen, mit denen er zusammenlebt, ist geprägt durch Offenheit, gegenseitiges Vertrauen und verantwortungsvolle Anteilnahme. Das gilt für seine Familie: Elisabeth, seine Frau, seinen Sohn Karl und Maria, seine Schwester, wie auch für seine Freunde, unter denen Franz von Sickingen, Hanns von Selbitz (beide Ritter wie Götz), Lerse, aber auch der Jugendfreund Weislingen herausragen.

Mit väterlicher Zuneigung hängt er an seinem Ritterjungen Georg. Ihm gegenüber beschwört er jene Zeit, in der es auch unter den deutschen Fürsten noch „treffliche Menschen" und wahre Vorbilder gegeben hat:

„Gute Menschen, die in sich und ihren Untertanen glücklich waren; die einen edlen freien Nachbar neben sich leiden konnten, und ihn weder fürchteten noch beneideten; denen das Herz aufging, wenn sie viel ihresgleichen bei sich zu Tisch sahen, und nicht erst die Ritter zu Hofschranzen umzuschaffen brauchten, um mit ihnen zu leben." (III.20)

In diesen Worten wird die Utopie eines harmonisch-idyllischen Zusammenlebens erkennbar, deren Basis die offen-vertrauliche Beziehung zwischen Herrscher und Beherrschten, zwischen Fürst und Untertanen bildet. Die soziale Ordnung bleibt zwar ständisch gegliedert und streng patriarchalisch, aber Herrschaft bewährt sich erst in sozialer Verantwortung, als Dienst am Nächsten und im Kampf „um den Namen eines tapferen und treuen Ritters", wie es Götz noch einmal mit Blick auf sich selbst gegen Ende des vierten Aufzuges zum Ausdruck bringt.
Ein solches Modell des Zusammenlebens setzt den regional begrenzten, überschaubaren Herrschaftsraum voraus. Damit wird das von Götz beschworene Modell zum Gegenbild eines zentralistisch organisierten, großflächigen Territorialstaats, wie er sich in Deutschland seit dem 16. Jahrhundert erst herausbildet. Götz' Vorstellungen von einem Leben in allgemeiner Glückseligkeit stehen in Widerspruch zu jenen Normen, wie sie einmal in der Realität höfischer Herrschaftspraxis und zum andern in den wirtschaftspolitischen Interessen der freien Reichsstädte zum Ausdruck kommen. Der Fürstbischof von Bamberg mit seinem Hof und die Kaufleute von Nürnberg liefern dafür das jeweilige Beispiel. Ihre Allianz im Stück erklärt sich als eine Allianz gemeinsamer Interessen, zur Stabilisierung der eigenen Macht für die einen und zur unbehelligten Erweiterung von Wirtschaft und Handel für die anderen. Die Konkurrenz gegen den andern und der Versuch, die eigenen Interessen gegen die Rivalität anderer durchzusetzen, ist bei allen sonstigen Unterschieden hier wie dort das dominierende Prinzip.
Goethes Schauspiel zeigt, wie diese Tendenzen einer neuen Zeit die Fundamente des sozialen Zusammenlebens gefährden, wenn nicht gar zerstören. Dass sich die politische Herrschaft der Fürsten (anders als bei Götz) völlig vom Volk losgelöst hat, verdeutlichen die wenigen Szenen, die Einblick in die höfische Welt gewähren, zur Genüge. Die sozialen Gegensätze lassen friedliche Eintracht, wie sie Götz in Erinnerung ruft, nicht mehr zu. Vor allem unter der Landbevölkerung gärt es. Der Vorwurf, dass die Fürsten den Bauern „die Haut über die Ohren ziehen", ein Vorwurf, der im „Urgötz" noch drastischer zum Ausdruck kommt, verweist auf die Wahrscheinlich-

keit einer offenen Erhebung der Landbevölkerung und auf den Aufstand, in dem diese sozialen Spannungen schließlich eskalieren.
Höfisches Leben wirkt aber auch nach innen zerstörend. Weislingens Schicksal ist dafür ein eindringliches Beispiel. In der Jugend zusammen mit Götz aufgewachsen, unterliegt er bereits früh der Faszination, die das Leben bei Hofe für den jungen Adligen bietet. Noch einmal durch Götz aus dieser Welt herausgerissen, fühlt er sich wieder frei und fasst sogar den Entschluss, Maria zu heiraten und mit ihr ein neues Leben zu führen. Dann jedoch lässt er sich erneut zu einer Rückkehr an den Hof überreden, und Liebetrauts taktisches Manöver, mit dem er im Auftrag Adelheids Weislingen umstimmt, steht beispielhaft für höfische Überredungsstrategie und Fremdbestimmung, der Weislingen sich fortan unterwerfen muss.
In der Liaison Adelheid–Weislingen gewinnt die Zerstörung zwischenmenschlicher Beziehungen als Folge höfischer Lebensweise erst ihren eigentlichen Ausdruck. In ihrer Machtbesessenheit kann Adelheid eine Verbindung mit einem Mann nur noch aus politischem Kalkül eingehen. Die Barriere des Misstrauens und der enttäuschten Erwartungen bleibt unüberwindlich. Es ist nur konsequent, wenn sich ihre Hoffnungen schließlich von Weislingen ab und einem Mächtigeren zuwenden, Karl von Spanien, dessen Wahl zum Kaiser unmittelbar bevorsteht.

Kampf um Recht und Freiheit. Der in Goethes „Götz" gestaltete dramatische Konflikt wird auf unterschiedlichen Ebenen ausgetragen. Vordergründig geht es um Rechtsstreitigkeiten. Was im ersten Aufzug noch recht privat und scheinbar harmlos als „Händel" zwischen Götz und dem Bischof von Bamberg beginnt, weitet sich im Verlauf des Geschehens immer stärker aus zu einer offen kriegerischen Auseinandersetzung, in deren Verlauf Götz und seine wenigen Verbündeten sich einer immer größer werdenden Allianz von Gegnern gegenübersehen.
Doch nicht die Überlegenheit im Kampf entscheidet diesen Streit. Es ist vielmehr die andere politische Taktik seiner Gegner, der Götz immer wieder unterliegt. Beim Kaiser hat Götz (wie auch Selbitz und Sickingen) zwar einen guten Namen, aber niemand, der seine Interessen vertritt. Wie man es dagegen schafft, dass der Gegner vom Kaiser in die Acht erklärt und eine Reichsexekution gegen ihn angeordnet wird, demonstriert Weislingen auf dem Reichstag zu Augsburg (III.1). Götz hat dieser politischen Strategie, die das Eigeninteresse geschickt als Kampf für das Allgemeinwohl zu tarnen weiß, wenig mehr als seine Treuherzigkeit entgegenzusetzen. Es passt in diesen Zusammenhang, wenn er schließlich nicht nach offenem Kampf, sondern nach erneutem Wortbruch seiner Gegner gefangen und in Heilbronn vor ein kaiserliches Gericht gestellt wird. Zwar kann Götz – dank des Eingrei-

fens Franz von Sickingens – für sich noch einmal freien Abzug erlangen; er ist danach jedoch ein gebrochener Mann. Die letzte Episode als Anführer der aufständischen Bauern besiegelt nur noch seinen Untergang.

Wenn Götz im Kampf um sein gutes altes Recht scheitert, dann scheitert mit ihm auch jene Rechtsauffassung, auf die er sich fortwährend beruft. Es ist die Position des althergebrachten Rechts, das das Recht auf Selbsthilfe und damit die Fehde als legales Rechtsmittel mit umfasst. Gegen dieses Rechtsverständnis setzen sich die Zentralisierungsbestrebungen des absolutistischen Territorialstaats zur Wehr. Der moderne Staat muss, wenn er funktionsfähig sein soll, nicht nur eine politische und wirtschaftliche Einheit, er muss vor allem eine Rechtseinheit bilden. Wie der Bischof von Bamberg zeigt (I.4), unterstützen die Fürsten daher eine kaiserliche Rechtspolitik, die auf das Verbot der Fehde, die Einsetzung kaiserlicher Gerichte und die Fixierung eines einheitlichen Reichsrechts hinzielt. Die Rezeption des römischen Rechts, dessen Vorzüge der junge bürgerliche Rechtsgelehrte Olearius am Bamberger Hof so nachdrücklich hervorhebt, gehört in diesen Zusammenhang.

Götz stellt sich gegen diese Entwicklung, auch wenn dieser Kampf historisch aussichtslos ist. Er tut dies aus zwei Gründen: Einerseits durchschaut er, dass das Plädoyer der Fürsten für ein „befriedetes Land“ nicht uneigennützig ist. Die von ihnen gewünschte Ruhe im Reich, so Götz im Gespräch mit Weislingen (I.3), „wünscht jeder Raubvogel, die Beute nach Bequemlichkeit zu verzehren“. Andererseits stärken die bisherigen Erfahrungen mit der Rechtsprechung die Befürchtung, das neue Recht diene nicht den Interessen derer, die es beanspruchen, dem Volk also, sondern es nütze vor allem jenen, die es – wie zum Beispiel Olearius in Bologna – studiert haben. Die von Goethe in die überarbeitete Fassung integrierte Bauernhochzeit, die Schlussszene des zweiten Aufzugs, hat ihre Funktion als Karikatur auf die „ordentlichen Gerichte“, die einen Prozess auf Kosten der Betroffenen über Jahre hinaus hinschleppen.

Zu dem äußeren Konflikt, in den Götz hineingestellt ist, kommt noch ein innerer. Es ist sein Freiheitsverlangen, das bei gleichzeitigem Versuch, dem Kaiser die Treue zu halten, scheitern muss. Freiheit ist für Götz ein Schlüsselbegriff. Er versteht darunter jedoch nicht das soziale Privileg des Adels, andere zu beherrschen, noch hat er – wie die Nürnberger Kaufleute – jene bürgerlichen Freiheiten im Sinn, die ihnen ermöglichen, ungestört den eigenen Geschäften nachzugehen. Freiheit, wie Götz sie versteht, ist an zwei Bedingungen gebunden: Einmal wird die innere Charakterfestigkeit vorausgesetzt, die Unabhängigkeit der Person als einer psychisch-physischen Gesamtbefindlichkeit, die sich durch die Harmonie mit sich selbst wie mit der Umwelt, in der man lebt, auszeichnet. Zum andern gehört zur Freiheit, dass

der Mensch jenen Raum zur Verwirklichung der eigenen Identität auch erhält, den er von Natur aus braucht. Indem Götz im Begriff der Freiheit beides zusammendenkt, kann er für die Stürmer und Dränger auch zur Identifikationsfigur werden, zum Ideal, das in kritischer Absicht gegen die vielfältigen Fesseln und Einschränkungen der eigenen Zeit gehalten wird.
Götz kann dieses Leben in Freiheit nur beschwören; es zu realisieren gelingt ihm dagegen nicht. In seinen Möglichkeiten, die eigene Freiheit zu entfalten, ist er von Anfang an gefährdet und eingeschränkt. „Es wird einem sauer gemacht, das bisschen Leben und Freiheit", ist bezeichnenderweise einer der ersten Sätze (I.2), mit denen Götz seine eigene Situation charakterisiert. Noch deutlicher aber wird die Diskrepanz zwischen Ideal und Realität, wenn Götz seine Vorstellungen von einem Leben in Freiheit im Blick auf eine visionär geschaute Zukunft zusammenfasst:

„Wollte Gott, es gäbe keine unruhigen Köpfe in ganz Deutschland! wir würden noch immer zu tun genug finden. Wir wollten die Gebirge von Wölfen säubern, wollten unserm ruhig ackernden Nachbarn einen Braten aus dem Wald holen, und dafür die Suppe mit ihm essen. Wär uns das nicht genug, wir wollten uns mit unsern Brüdern, wie Cherubim mit flammenden Schwertern, vor die Grenzen des Reichs gegen die Wölfe, die Türken, gegen die Füchse, die Franzosen, lagern, und zugleich unsers teuern Kaisers sehr ausgesetzte Länder und die Ruhe des Reichs beschützen. Das wäre ein Leben! Georg! wenn man seine Haut für die allgemeine Glückseligkeit dran setzte." (III.20)

Die Worte werden durch die Situation, in der sie gesprochen werden, noch verstärkt. Es ist jene Szene gegen Ende des dritten Aufzugs, in der Götz die Belagerung seiner Burg durch die Truppen der Reichsexekution und damit einen Zustand weitgehender Unfreiheit ertragen muss. In dieser Situation wird aber auch erkennbar, wie stark die Handlungsmöglichkeiten für Götz bereits eingeschränkt sind und wie weit sein Leben von jenem Kampf „für die allgemeine Glückseligkeit" entfernt ist. Götz muss kämpfen, um seine „Haut davon zu bringen", wie Georg es erkennt, als ihm bewusst wird, dass sie „eingesperrt sind". Diesen Kampf kann Götz nicht gewinnen, da er sich selbst in seiner Treue gegenüber Kaiser und Reich die Hände bindet. In Heilbronn erwirkt er zwar noch einmal einen ehrenhaften Abzug, doch muss er Urfehde schwören und sich auf seine Burg zurückziehen. Das heißt, eine weitere Beschränkung hinzunehmen, so dass der Abstand zu dem beschworenen Ideal immer größer wird.

Götz' Tod als Ende einer historischen Epoche. Dass seine Zeit zu Ende geht, bemerkt Götz schon in der letzten Szene des vierten Aufzugs. Sein eigenes Schicksal, der nahe Tod des Kaisers und die ersten Unruhen der rebellierenden Bauern sind ihm Anzeichen einer unmittelbar bevorstehenden Zeitenwende. Der fünfte Aufzug zeigt nun die Aktionen der aufständischen Bauern aus einer Perspektive, in der Götz mit seinem Rechts- und Ehrverständnis nur noch zum radikal isolierten Außenseiter werden kann. Die kurze Zwischenzeit bis zu seinem Tod im Gefängnis, seine Rolle als Anführer der Bauern, der Versuch, den Kampf um deren Rechte in geordnete Bahnen zu lenken, dokumentieren nur die Vergeblichkeit seines Bemühens. Goethe hat in der Druckfassung des Stückes noch deutlicher als in der Erstfassung, die Bauernkriege lediglich als allgemeinen Hintergrund für die Auflösung von Recht und Gesetz ins Bild gerückt. Die Ereignisse gehen über Götz und seine Absichten hinweg, ohne dass er noch handelnd in sie einzugreifen vermöchte. Am Ende steht das Bild des sterbenden Götz, der in sich selbst verglüht, wie es Elisabeth nennt, und der die Zukunft in einer düsteren Mahnung umschreibt.

„Schließt eure Herzen sorgfältiger als eure Tore. Es kommen die Zeiten des Betrugs, es ist ihm Freiheit gegeben. Die Nichtswürdigen werden regieren mit List, und der Edle wird in ihre Netze fallen."

Der in diesen Worten sich dokumentierende Geschichtspessimismus ist unverkennbar. Er wird noch verstärkt, wenn Götz' letzte Worte, sein Ruf „Himmlische Luft – Freiheit! Freiheit!" von Elisabeth kommentiert werden mit „Nur droben bei dir. Die Welt ist ein Gefängnis." Wird hier nicht jede Möglichkeit einer Lösung der im Stück dargestellten gesellschaftlichen Konflikte grundsätzlich verlagert in den Bereich religiöser Hoffnungen, die sich erst im Jenseits erfüllen? Heißt das, dass die von Götz mit so viel Nachdruck beschworene Utopie eines Lebens in Freiheit, ohne Zwänge und Verstümmelungen, sich letztlich als uneinlösbar erweist?
Skepsis und Pessimismus hinsichtlich der weiteren geschichtlichen Entwicklung kommen im „Urgötz" noch stärker zum Ausdruck als in der Zweitfassung. Dennoch setzt Goethe auch Gegengewichte, die Hoffnung auf Veränderung selbst da behaupten, wo im Bewusstsein der Götz' Sterben miterlebenden Akteure sich nur noch Resignation äußert. Zu diesen Gegengewichten gehört bereits, dass die in der Perspektive des Stücks schuldig Gewordenen schon „bestraft" worden sind: Weislingen, der durch die eigene Frau vergiftet wird, Franz, der sich aus Verzweiflung über seine Mithilfe an diesem Verbrechen zu Tode stürzt, und Adelheid, die in einer dramaturgisch besonders eindrucksvoll gestalteten Szene durch die Richter des heimlichen Gerichts zum Tode verurteilt wird.
Götz' Ende steht in deutlichem Gegensatz zu diesem Strafgericht. Goethe verklärt diesen Tod in einer Szene, deren idyllischer Charakter einen seltsamen Kontrast bildet zum Scheitern seines Helden. Die Verlagerung der Szene vom finsteren Gefängnisturm in das kleine Gärtchen des Wärters, wo Götz noch ein letztes Mal Sonne, Luft und die Anzeichen des beginnenden

Frühlings genießen kann, schafft einen Bedeutungshintergrund, der – ganz im Sinne der Herderschen Geschichtsphilosophie – Götz' Tod als Ende einer historischen Epoche interpretiert, auf die notwendigerweise ein Neuanfang folgt. Dass Götz stirbt, während rings um ihn herum die Natur im Frühling zu neuem Leben erwacht (eine wichtige Änderung des Schlusses, die Goethe in der überarbeiteten Fassung vornimmt), verstärkt diese Hoffnung auf Neubeginn noch. Das Wie und Wohin dieser weiteren Entwicklung bleibt allerdings offen, und hierin kann man durchaus die Grenzen des geschichts- und zeitkritischen Bewusstseins sehen, die der junge Goethe als einer der Repräsentanten des Sturm und Drang ebenso wenig wie andere Autoren seiner Generation zu überschreiten vermag.

7 Die Erfahrung des Subjektiven in der Literatur des 18. Jahrhunderts

Das Interesse am Menschen ist ein Kennzeichen des aufklärerischen Denkens. Die Frage, wie das Denken, Fühlen und Handeln des Menschen auf die Glückseligkeit aller ausgerichtet werden kann, verfolgt vor allem ein praktisches Interesse. Dies gilt für das ganze Jahrhundert: Das Ziel, ein harmonisches Zusammenleben der Menschen, frei von Konflikten, bleibt konstant; dagegen wird die Frage, wie dieses Ziel am besten zu erreichen sei, im Verlauf des 18. Jahrhunderts recht unterschiedlich beantwortet.

Für die frühe, rationalistische Phase der Aufklärung ist die Überzeugung charakteristisch, dass über eine Aufklärung der menschlichen Verstandeskräfte Tugend als moralisches Verhalten des Einzelnen allgemein befestigt und damit die wichtigste Voraussetzung für das postulierte Ziel geschaffen werden kann. Im Mittelpunkt solcher Tugenden, wie sie insbesondere durch die „Moralischen Wochenschriften" der 1720er Jahre propagiert werden, stehen Frömmigkeit, Bescheidenheit, Sparsamkeit, Mäßigung und Arbeitsamkeit. Der Protestantismus und der Calvinismus haben die Grundlagen eines solchen bürgerlichen Bewusstseins entscheidend mitgeprägt.

Mit der Tugendlehre verbunden ist allerdings eine rigide Triebunterdrückung. Die sinnliche Natur des Menschen wird als ständige Störquelle angesehen, die der Entwicklung der gesellschaftlich wünschenswerten Tugenden hemmend im Wege steht. Die Vernunft des Menschen gerät so in einen Widerspruch zu seiner Sinnlichkeit, und die Kontrolle der affektiven Bedürfnisse, wenn nicht gar ihre Unterdrückung, scheint zunächst die einzige Lösung dieses Widerspruchs zu bieten.

Gegen diesen starren Vernunft-Sinnlichkeit-Dualismus richten sich aber schon bald Gegenbewegungen. Der Gedanke, dass nicht nur die Verstandeskräfte, sondern auch das Empfindungsvermögen des Menschen der Aufklärung bedürfen und dass ein Handeln in der Gesellschaft insbesondere auf die Entwicklung der sittlichen Empfindungen angewiesen bleibt, führt zu einer differenzierteren Sicht der Gefühle. Die sich seit der Mitte des 18. Jahrhunderts herausbildende Erfahrungsseelenkunde liefert die Unterteilung in eine äußere, über die Sinneswahrnehmung vermittelte Erfahrung und eine innere Erfahrung, die sich auf das eigene Ich richtet und zu der das moralische Gefühl hinzugerechnet wird. Diese Empfindungen gelten nun nicht mehr als bloße Störungen der Vernunft, sondern als ihr unverzichtbarer Bestandteil, der wie die Verstandeskräfte auf eine harmonische Entfaltung angewiesen ist. Diese Aufgabe, das moralische Gefühl und die sittlichen Empfindungen zu entwickeln, soll aber gerade die Kunst und hier vor allem die schöne Literatur übernehmen.

Die 70er Jahre markieren in diesem Prozess einen weiteren Entwicklungsschritt. Der Sturm und Drang knüpft mit seiner Forderung nach einer harmonischen Entfaltung aller Kräfte des Menschen einerseits an die empfindsamen Strömungen der vorhergehenden Jahrzehnte an. Andererseits steigert er diese Forderung, indem er das Recht auf Leidenschaft zivilisationskritisch nicht nur gegen höfische Dekadenz, sondern auch gegen das Gelassenheitsideal bürgerlicher Lebensweise einklagt. Sinnlichkeit und Triebnatur des Menschen werden damit auf eine neue Weise Thema und Problem der Literatur.

7.1 Die Entwicklung von Tagebuch, Autobiografie und Roman in der Aufklärung und im Sturm und Drang

Christoph Martin Wieland:
Geschichte des Agathon (1766; 1773 Neufassung)
Sophie von La Roche:
Die Geschichte des Fräuleins von Sternheim (1771)
Johann Wolfgang von Goethe: Die Leiden des jungen Werthers (1774)
Johann Heinrich Jung-Stilling: Heinrich Stillings Jugend (1777)
Karl Philipp Moritz: Anton Reiser (1785–1790)

Autobiografie und Tagebuch. In der frühen Aufklärung sind drei Grundtypen des autobiografischen Schreibens nachweisbar: die abenteuerliche Lebensgeschichte oder Privatchronik, die Berufs- oder Gelehrtenchronik und die religiöse Autobiografie. Im Verlauf des 18. Jahrhunderts lösen sich bei wachsendem Selbstbewusstsein die Erzählkonventionen auf, neue Mitteilungsbedürfnisse entstehen, und aus der Mischung der traditionellen Formtypen können neue Darstellungsweisen hervorgehen. Am stärksten verändert sich der Typus der religiösen Bekehrungsschriften (Vorbild: die „Confessiones“ des Augustinus, 426), insbesondere das pietistische Seelentagebuch und die pietistische Autobiografie. Der eigenen Sündhaftigkeit eingedenk, erfährt der fromme Mensch die Erweckung oder Erleuchtung, durch die er zur wahren Frömmigkeit gelangt. Er beobachtet sich selbst auf diesem Weg und schreibt seine Erfahrungen auf. Sie werden dadurch für den Einzelnen überprüfbar und für die anderen Mitglieder der Gemeinde mitteilbar; sie können ihnen als Ansporn und Vorbild dienen. Der maßgebliche Lehrer des deutschen Pietismus, Philipp Jakob *Spener* (1635–1705), hat die erzieherische Funktion von Tagebuch und Bekehrungsgeschichte ausdrücklich hervorgehoben.

Die Gefahr einer übersteigerten und sich verselbstständigenden Selbstbeobachtung in dieser pietistischen Glaubenspraxis erkennt und formuliert Herder, wenn er sich gegen den Verfasser eines solchen Seelentagebuches wendet, der „[...] selbst den geheimen Unrath seines Herzens für solch ein Heiligtum hält, dass er ihn nicht ablegen mag, ohne zugleich eine Herde gläubiger und frommer Schafe als Arznei zu verkaufen [...]", denn: „[...] Er legt die Krambude seines Herzens andern zur Schau aus [...]."
Während das Tagebuch der frommen Eigenbeobachtung und Gewissenskontrolle dient, wird in der pietistischen Autobiografie größerer Wert auf die Beschreibung der äußeren Lebensumstände gelegt, um die eigentliche Bekehrung umso glänzender hervortreten zu lassen.
Glaube und Welt werden ins Verhältnis zueinander gesetzt. In einer der ersten pietistischen Autobiografien von August Hermann *Francke* (1690/91) nehmen Aussagen zur Erziehung, über seine Erfahrungen als Lehrer und als Übersetzer einen breiten Raum ein. Aber auch in seiner Autobiografie werden alle Erlebnisse dem religiösen Bekehrungsschema angepasst, das in der autobiografischen Darstellung der Selbstvergewisserung wie der Erbauung der Gemeindemitglieder dient. Von besonderem Einfluss ist die Sammlung „Auserlesene Lebensbeschreibungen heiliger Seelen" von Gerhard Tersteegen (1733–1753). Die Vorstellung, einen persönlichen Glaubensdurchbruch erleben zu müssen, und die einengende Belehrung durch andere führen den Gläubigen zu einer übersteigerten Selbstwahrnehmung. Allmählich geht dabei die religiöse Zielrichtung verloren oder wird abgelöst durch das moralische Interesse an einer Handlungs- und Gewissenskontrolle.
Ein literarisches Zeugnis für diese Veränderung ist das Tagebuch Albrecht von *Hallers* (postum 1787), der als frühaufklärerischer Literaturwissenschaftler und Dichter europäischen Ruf genoss. Das sich selbst wahrnehmende Ich rückt in diesem Prozess in den Mittelpunkt des Interesses; dabei verlagert sich das Augenmerk von der Bekehrung auf die Selbstanalyse, der Glaube wird psychologisiert. Ein Beispiel für die Säkularisation der pietistischen Autobiografie ist „Bernd's eigene Lebensbeschreibung" von Adam Bernd (1738). Die Charakterbeschreibung rückt in den Mittelpunkt, die Erfahrung des religiösen Durchbruchs ist nur der Anlass, das Ich zu analysieren, die Melancholie, die Depressionen, die das Leben von Jugend an bestimmt haben, zu beschreiben. Es wird nach den Ursachen, nach der möglichen Überwindung dieser Zustände gefragt. Menschliche Handlungen sind nach Bernd durch körperliche und seelische Zustände bedingt. Die Poesie erhält eine therapeutische Funktion. Er fordert eine Seelsorge, die die Seele zu heilen vermag. Das sind Einsichten und Forderungen, die schon im 18. Jahrhundert die psychologische Analyse vorbereiten. Das Tagebuch ist der unmittelbarste Ausdruck für solche Seelenerfahrung.

Selbstbekenntnis und Erbauung werden in der zweiten Hälfte des 18. Jahrhunderts erweitert durch die Naturerfahrung, in der die religiöse Erbauung durch eine weltliche ersetzt wird. Liebe und Freundschaft, vermittelt durch das gemeinsame Erlebnis der Natur, werden zu Themen der Autobiografie. Die für die religiöse Bekehrung eigentümliche innige und seelenvolle Sprache dient nun sowohl der Beschreibung der tief empfundenen Seelenfreundschaft wie der Schilderung von Naturerlebnissen. Umgekehrt speist sich nun die religiöse Autobiografie aus den schon literarisierten Formen der Liebeslyrik und der Naturbeschreibung.

Die Autobiografie „Heinrich Stillings Jugend" von Johann Heinrich *Jung* (1777) ist ein Beispiel einer Lebensbeschreibung, die schon literarische Züge hat. Die entscheidende Antriebskraft für Stillings Aufstieg vom Handwerker zum Schulmeister, schließlich zum Gelehrten ist die übersteigerte Sensibilität, „[...] er wusste [...] nichts von der Welt, nichts von Lastern, er kannte kein Falsches [...], sein Gemüt war also mit wenigen Dingen angefüllt, aber alles, was darin war, war so lebhaft, so deutlich, so verfeinert, so veredelt [...]". Die autobiografische Absicht besteht in der Rechtfertigung seines Aufstiegs. Darin ist die weiterwirkende Tradition der Gelehrtenautobiografie auszumachen. Außerdem will er seine Freunde mit seiner Lebensgeschichte auf „romantische Weise" belehren, wie ein Lebensgang durch die Beschaffenheit des eigenen Gemüts und durch die Vorsehung sich zu Höherem entwickelt. Der Held erhält einen dem Autor ähnlichen Namen. Ein fiktiver Erzähler vergegenwärtigt Jung-Stillings Leben. Lieder und Märchen, die eingestreut sind, verstärken die poetische Wirkung.

Briefkultur. Als ein drittes Ausdrucksmittel zur Darstellung des subjektiven Erlebens gelangte der Brief zu einer großen Bedeutung. Es entstand eine Briefkultur, in der der geschriebene Text, an einen bestimmten Adressaten gerichtet, nicht nur das eigene Erleben widerspiegelte, sondern es auch neu entwarf. Es waren vor allem Frauen, die sich der neuen Briefform mit Begeisterung, ja Leidenschaft widmeten. Das war nicht von ungefähr so. Sie nahmen nicht teil an dem Briefwechsel zwischen Dichtern und Gelehrten. Dazu fehlte den meisten die Zeit und vor allem die Bildung. Die Mädchen wurden in ihrer Entwicklung und Ausbildung auf die Aufgaben der Hausfrau, in adligen Schichten auf die der Geselligkeit vorbereitet. Die Korrespondenz in dem Bereich des Geschäftswesens und der Verwaltung war Sache des Mannes. Die Frauen eroberten sich die Domäne des Privatbriefes, indem sie ihre eigenen Gefühle, ihre Wünsche und Sehnsüchte, aber auch die Erfahrungen des Alltags, ihre Freuden und Sorgen bei der Erziehung der Kinder und im Umgang mit ihrem Ehemann, den Freunden berichteten. Sie schrieben Briefe an den Geliebten, den Ehemann, wenn er auf Reisen war, an Freundinnen und Verwandte, denen sie den Ablauf eines Tages, der Jahreszeiten mitteilten. Aber vor allem lag ihnen daran, ihre eigene Befindlichkeit zum Ausdruck zu bringen. Erfahrungen des Glücks in der Familie, aber auch Klagen über die Isolation gegenüber der Welt, an der der Mann teilhaben konnte, füllten die Briefe. Ratschläge für ein erfüllteres Leben der Frau in der Gesellschaft waren nicht ausgeschlossen.

Diese neue Briefkultur erfasste nicht nur die Frauen des Adels, sondern auch die des Bürgertums. Den Frauen der unteren Schichten (Dienstpersonal, Frauen in handwerklichen Betrieben, Bäuerinnen) fehlte die Zeit, sie konnten nur schlecht oder gar nicht schreiben. Und doch gab es auch da Ausnahmen. Anna Louisa *Karsch* (1722–1791), eine Schneidersfrau, die sich als Autodidaktin zur erfolgreichen Gelegenheitsdichterin bildete, führte über Jahre mit dem Dichter Ludwig Gleim, ihrem Mentor, einen regen Briefwechsel, ihre Briefe fanden ebenso wie ihre Dichtung in der Berliner Gesellschaft Anerkennung. Die Frauen des Adels und des Bürgertums bewunderten die Briefe der Madame de *Sévigné* (1626–1695), die schon im 17. Jahrhundert in Frankreich entstanden waren. Auch ihre Briefe erzählten von der Familie, von der Geselligkeit der adligen Lebensweise, aber sie verfügte über Ausdrucksmittel, die es ihr ermöglichten, philosophische Betrachtungen wie auch ironische Bemerkungen über die Lebensweise der Adligen elegant zu formulieren. Die Frauen des 18. Jahrhunderts jedoch unterwarfen sich keiner ausgefeilten Rhetorik, sie schrieben, wie sie auch im Alltag sprachen. Davon waren auch die adligen Frauen nicht ausgeschlossen. Nur wenige wählten im deutschsprachigen Raum die französische Sprache für ihre Briefe. Ihnen allen aber ging es vor allem darum, die Sprache des subjektiven Empfindens zu finden. Der inhaltliche Austausch mit anderen war ihnen nicht gleichgültig, aber sie scheuten es nicht, auch Briefe an Unbekannte zu schreiben, oder es wurden ihre Briefe wie in einem geselligen Spiel weitergegeben, Ausschnitte abgeschrieben und ausgetauscht.

Zwei Frauen ragen aus der Vielzahl der Briefschreiberinnen heraus: Luise Adelgunde *Gottsched* (1713–1762), die Ehefrau des Leipziger Literaturprofessors, und Sophie von *La Roche* (1731–1807), Tochter eines Gelehrten.

Drei Briefbände von der *Gottschedin* wurden nach ihrem Tod von einer Freundin herausgegeben. Nur zwei Beispiele, die ihre Schreibabsicht widerspiegeln, sollen hervorgehoben werden. In einem Brief an ihren Mann schreibt sie:

„Was ist Ihnen alles auf dieser Reise begegnet? Was haben Sie für Wetter, was für Weg gehabt? […] Kaum spreche ich mit Ihnen, mein Bester, so wird mein ganzes Gemüt heiter, und kaum lege ich die Feder nieder, so versinkt es in seine vorige Traurigkeit. […] Ich will Ihnen alle Empfindungen meiner Seele […] schreiben. Dies ist doch das einzige Mittel, mir Ihre Abwesenheit einigermaßen erträglich zu machen.“

Die Formelhaftigkeit, die Anrede des Mannes mit „Sie“, die im 18. Jahrhundert üblich war, kann nicht darüber hinwegtäuschen, dass die ganz persönliche Beziehung zu ihrem Mann zum Ausdruck kommt. Aufschlussreicher sind die späteren Briefe der Gottschedin, in denen sie ihre menschliche Anteilnahme am Geschehen in der Öffentlichkeit zeigt. Unter dem Eindruck des Geschehens im Siebenjährigen Krieg schrieb sie 1758 an ihre Freundin:

„Allein die Erwartung der Zukunft, einer vielleicht noch schrecklichern Zukunft, welche vielleicht das wahrmachen könnte, was wir jetzt nur vermuthet und gefürchtet haben, diese foltert mich und raubt mir die wenigen Augenblicke der Ruhe, die mir überhäufte Geschäfte und häusliche Sorgen und eine zerrüttete Gesundheit übrig lassen. O dächten doch die Großen dieser Erde das mannigfaltige Elend, welches den Krieg begleitet, das Elend, welches sich bis auf die Nachkommen erstrecket, und oft für Jahrhunderte eine Quelle des Jammers ist [...]. Sie, liebste Freundin, beweinen mit mir das allgemeine Unglück, welches wir der Ehrbegierde einiger Sterblicher zu danken haben.“

Die Fülle der Privatbriefe, die von Sophie von *La Roche* erhalten sind, ist so groß, dass man aus ihnen ein eigentliches Lebensbild ablesen kann. In zweifacher Weise überschritt sie die Grenzen des Privatbriefes und trug entscheidend zur Literarisierung der Briefkultur im deutschen Sprachraum bei. Sie brachte die erste Frauenzeitschrift „Pomona für Teutschlands Töchter“ (1783/84) heraus (s. Kap. 2.4), die echte und fingierte Leserbriefe enthielt und in der die Herausgeberin mit ihren Leserinnen korrespondierte. 1771 erschien zudem ihr Briefroman „Die Geschichte des Fräuleins von Sternheim“ (vgl. Kap. 7.1.2).

Roman. Im Zusammenhang mit und doch unabhängig von Tagebuch, Autobiografie und Briefkultur entwickelt sich im 18. Jahrhundert der Roman. Aus der Tradition des 17. Jahrhunderts bleiben zwei Typen verbindlich und sind wandlungsfähig: der hohe oder höfische oder Staatsroman und der niedere oder komische oder Picaroroman.
Im *Staatsroman* sind Personen des Adels die Träger der Handlung, Abenteuer bestimmen das Geschehen. Die Auflösung der Konflikte, die Überwindung aller Schwierigkeiten geschieht durch die göttliche Vorsehung, die Gelassenheit der Helden erklärt sich aus ihrer Bereitschaft, sich bei aller Undurchsichtigkeit des Geschehens dieser Fügung anheim zu stellen.
Dagegen spielt der *Picaroroman* in den unteren Schichten. Stärker als im Staatsroman ist hier das biografische Schreibmuster prägend, wie es sich im „Simplicius Simplicissimus“ Grimmelshausens zeigt (1669). Alltägliches Leben wird geschildert. Während im 17. Jahrhundert die Irrtümer und Torheiten den Helden aus der sündhaften Welt in die Abgeschiedenheit führen, wird dieser Romantyp im 18. Jahrhundert vom bürgerlichen Roman abgelöst, der praktische Lebensnähe und bürgerliche Moralvorstellungen in ein

biografisches Schema einbringt. Als 1740 Richardsons „Pamela, or Virtue Rewarded“ erscheint, wird dieser Roman in Briefen Vorbild für die Darstellung tugendhafter, empfindsamer Charaktere in deutschen Romanen.
Aber auch diese Tendenz des bürgerlichen Romans erfährt im Laufe des Jahrhunderts Veränderung. *Wieland* setzte sich in seinem Vorbericht zu seinem Roman *„Geschichte des Agathon“* (1766), erweiterte Fassung 1773, mit der Entwicklung des bürgerlichen Romans auseinander. Er wendet sich gegen die Darstellung vollkommener Charaktere und setzt sich für eine genaue Beschreibung der Helden mit allen Lastern und Schwächen ein. Die Wahrhaftigkeit im Roman besteht nach seiner Vorstellung in der Beschreibung der inneren und äußeren Ereignisse, die Entwicklung des Helden muss psychologisch „richtig“, muss realistisch abgebildet werden.
Entsprechend diesen Forderungen schildert Wieland in seinem Roman „Geschichte des Agathon“ mit psychologischer Genauigkeit den Bildungsweg des Helden vom weltfremden Träumer zum praktischen Aufklärer. Ironie und Reflexion des Erzählers schaffen Distanz. Die Verlegung der Handlung in die Antike zitiert die kulturelle Blüte der vorbildhaften Zeit und widerlegt den Vorwurf der bloßen Fiktion, unter dem die Gattung Roman bis dahin litt. Durch die psychologische Genauigkeit in der Beschreibung der Seelengeschichte wird Authentizität hergestellt. Das Spannungsverhältnis von Fiktion und Authentizität wird in einem neuen Verständnis von Wahrheit in der Kunst aufgehoben. Nicht die Historizität eines Stoffes, sondern die psychologische Genauigkeit und innere Stimmigkeit der Beschreibung seelischer Zustände, nicht die Unmittelbarkeit des Bekenntnishaften allein, sondern deren Wechsel mit reflektierender Distanz des Erzählers machen den Kunstcharakter des Romans aus.
Christian Friedrich von *Blankenburg*, der den Roman Wielands für den ersten guten deutschen Roman hält, schrieb als Leitfaden für Romanschreiber 1774 einen „Versuch über den Roman“. Es ist die wichtigste theoretische Äußerung über den Roman und seine Entwicklung im 18. Jahrhundert. Da der Roman den Leser nicht nur unterhalten, sondern auch Einfluss auf seine Sitten haben soll, fordert er Verbesserungen dieser Kunstform, die im 18. Jahrhundert erst allmählich ihre Legitimation und Anerkennung findet. Die Gefahr, dass der Leser sich in eine „romanhafte Welt“ flüchtet, die fantastisch und wirklichkeitsfern zur Flucht vor dem praktischen Leben verführt, ist einer der Vorwürfe, denen Wieland mit seinem Roman, Blankenburg mit der Theorie begegnet. Blankenburg fordert die exemplarische Darstellung individuellen Lebens. Der Romanschreiber soll „ein aufmerksamer Beobachter des menschlichen Herzens“ sein, um durch die Darstellung der Individualität, nicht durch bloße Setzungen von moralischen Wertvorstellungen der Vervollkommnung des Menschen zu dienen.

Im Zusammenwirken der religiösen Autobiografie und des neuen bürgerlichen Romans entstehen in der zweiten Hälfte des Jahrhunderts Werke, die auf besondere Weise die Erfahrung der Subjektivität ermöglichen, und zwar beim Autor, beim dargestellten Helden und beim Leser.

7.1.1 Moritz „Anton Reiser“ – ein psychologischer Roman

Moritz (1756–1793) selbst nennt seine Darstellung einen „psychologischen Roman“. Sein Leben ist von seiner Kindheit bis zu seinem Tode durch pathologische Strukturen gekennzeichnet. Die verhinderte Ausbildung seines Selbstbewusstseins lässt ihn in einer ständigen Diskrepanz zwischen eigenen Wünschen und den Möglichkeiten ihrer Realisierung leben. Die daraus resultierende neurotische Struktur seiner Persönlichkeit, sein Hang zu Melancholie, Depressionen und Hypochondrie lassen sein Interesse für die Ursachen seiner psychischen Deformation aufkommen. Deshalb bedeutet die Niederschrift seiner Jugendjahre zwischen 1785 und 1790 eine Möglichkeit, diese Ursachen zu entdecken. Diese autobiografische Intention wird aber erweitert durch ein allgemeines Interesse an den Ursachen psychischer Konflikte. Diese Überschreitung der subjektiven Situation definiert den Begriff „psychologischer Roman“. Das individuelle Leben wird zum exemplarischen Fall. Die romanhafte Gestaltung des eigenen Lebens vollzieht sich aus der Sicht des Therapeuten.
Die Entstehungsgeschichte des „Anton Reiser“ verläuft auf drei Ebenen: als pietistisches Tagebuch, als psychologisches Dokument im „Magazin für Erfahrungsseelenkunde“, schließlich als Roman. Die unmittelbare Selbstdarstellung im Tagebuch wird abgelöst durch die wissenschaftliche Darstellungsweise im Magazin; im Roman schließlich wird eine Ästhetisierung und Psychologisierung unternommen.
Schon aus der unterschiedlichen Namengebung geht hervor, dass der Romanheld nicht identisch ist mit dem Verfasser. Durch sein psychologisches Interesse distanziert sich Moritz von seinem eigenen Leben in der Darstellung und stellt die Geschichte seiner Kindheit und Jugend aus der Perspektive eines Erzählers vor, der zum Therapeuten seines Helden wird. Held und Erzähler erfahren eine Annäherung, wenn der Erzähler sein eigenes Ich als „niedrige Seele“ einschätzt, aber er bleibt der Kommentierende, der ein höheres Erkenntnisvermögen als der Held hat.
Doch nicht nur die Trennung von Erlebtem und Dargestelltem ist ein Mittel des Romans, sondern auch der Symbolgehalt des Namens. In „Anton Reiser“ verbergen sich bereits zwei zentrale Motive der gesamten Lebensgeschichte: „Anton“ gilt als abgeleitet vom „Heiligen Antonius“, der aus seiner sozialen Umwelt in die Einsiedelei floh. Der Nachname „Reiser“ weckt die Assoziation des Reisens, der Sehnsucht, der Anton durch seine Theaterlei-

denschaft nachkommt. Die Bedürfnisse nach Einsamkeit und Wanderschaft sind keine Gegensätze, sondern bedeuten beide eine Flucht vor der konkreten Wirklichkeit. Der Ortswechsel wird zum Symbol für eine neue Existenzmöglichkeit. Die Motive des Reisens und Wanderns, der Lektüre und des Theaters werden zum Symbol und zugleich zum Instrument der Flucht und Befreiung, der Hoffnung auf Wiedergeburt. Die Literatur wird zum Mittelpunkt der Ersatzwelt, die sich Anton schon in frühester Kindheit aufbaut. Er schwärmt für Shakespeare, eine Steigerung seiner Idealwelt bringt die Lektüre des „Werther“. So wird Antons Leben selbst romanhaft, und zwar im Sinne des damaligen Verständnisses: unrealistisch, fantastisch, übertrieben. Schließlich wird das Theater zum Symbol und zum Mittel für das Bedürfnis nach Ausdehnung. Anton sucht hier statt künstlerischer Verwirklichung eher Selbstbestätigung durch Identifikation mit einem fiktiven Dasein. Dabei gerät er in den Konflikt von sozialer Realität und idealer Norm, was sein Verhältnis zwischen innerer und äußerer Welt nur noch weiter auseinander fallen lässt.

Der Erzähler hebt einzelne Phasen der psychischen Entwicklung besonders hervor. Die ersten elf Lebensjahre werden auf jeweils drei bis sechs Seiten geschildert, während sein zwölftes Lebensjahr 35 Seiten umfasst. In diesem Jahr beginnt Anton seine Hutmacherlehre in Braunschweig. Ein erster längerer Ortswechsel und die ersten Erfahrungen als Lehrjunge fallen zusammen. Durch das strenge Verhalten seines Lehrherrn gerät Anton zeitweise in äußerste Verzweiflung, die ihn bis zu einem Selbstmordversuch führt. Während dieser Zeit entwickelt sich außerdem seine Leidenschaft zu predigen. Extremsituationen, die Antons Leben prägen, bestimmen das zwölfte Lebensjahr, so dass die Ausführlichkeit der Darstellung dieses Lebensabschnitts begründet ist.

Noch ausführlicher werden die letzten zwei Jahre seines Schülerdaseins dargestellt. Auf 156 Seiten wird die Entwicklung von Antons poetischer Neigung zu seiner Leidenschaft für das Theater und das Wandern geschildert. Die Bereiche Literatur, Theater und Wandern fördern Antons Einbildungskraft. Zugleich werden die Konfrontationen mit der Realität intensiver, ja sogar bedrohlich. Als Anton bei einer Rollenbesetzung für den „Clavigo“ keine Rolle erhält, ist er so gekränkt, dass ihn „der Vorfall in eine Art von wirklicher Melancholie führte“. In diesen beiden Jahren befestigen sich Antons Melancholie und Hypochondrie. Das Resultat einer lieblosen Erziehung, des Einflusses einer fanatischen Sekte bei eigener körperlicher und seelischer Labilität und häufiger Zurücksetzung in der Schule ist am Ende ein totaler Zusammenbruch.

Noch deutlicher als in der Rolle des Erzählers manifestiert sich der Anspruch des Psychologen in den Vorreden zu den vier Teilen des Romans. Sie sind nicht poetisch gestaltet; entscheidend ist die psychologische Intention, und damit werden die Vorreden zum „Anton Reiser" zum Gestaltungselement des psychologischen Romans.

7.1.2 Sophie von La Roche „Die Geschichte des Fräuleins von Sternheim"

Außer der Freude am Schreiben privater Briefe waren für die Entstehung des Romans die Briefromane Richardsons „Pamela or Virtue Rewarded, Told in Letters of a Young Damsel to her Parents" (1740) und vor allem „Clarissa; or The History of a Young Lady" (1747) von Bedeutung. Richardsons Romane wurden in der Übersetzung und in der Originalsprache gelesen. Man zog die englische Literatur, in der sich sittliche und zugleich natürliche Lebensformen widerspiegelten, gegenüber der französischen vor, die das Leben am Hof mit seinen Intrigen darstellte. In beiden Romanen gab sich Richardson nicht als Autor, sondern als Herausgeber der Briefe aus. Indem er die Geschehnisse und Reaktionen aus der unmittelbar erlebten Gegenwart der Briefschreiberinnen berichten lässt, erhält er die Spannungsdichte eines Dramas.
Sophie von La Roches Roman erzählt die Geschichte der Sophie von Sternheim, Tochter eines geadelten Obersten und einer aus altem Adel stammenden Lady. Als frühe, gut erzogene Waise wird sie von einem Verwandten in die Landeshauptstadt D. geholt, in der Absicht, das Mädchen dem Landesherrn als Mätresse anzubieten. Der Plan scheitert, Sophie widersteht dem Handel. Sie verfällt jedoch, ahnungslos, wie sie ist, den Hofintrigen und verliert so die Zuneigung des am Hof lebenden Lord Seymour.
Nach kurzem Zusammenleben mit Lord Derby, einem leichtsinnigen und verlogenen Casanova, begibt sie sich unter dem Namen Madame Leidens nach England und unterrichtet dort an einer Gesindeschule. Sie lernt Lady Sommers, eine Engländerin, kennen und wird Gast auf dem Gut der Freundin, findet dort in Lord Rich einen aufrichtigen Verehrer. Aber das kurze Glück wird gestört, indem Derby, der eine Nichte Lady Sommers geheiratet hat, auftritt und aus Angst vor der Aufdeckung seiner Vergangenheit Sophie ins schottische Bleigebirge entführen lässt, ja sich nicht scheut, sie einzukerkern, als sie sich gegen seine erneute Annäherung wehrt. Schließlich quält ihn, den kranken Derby, das Gewissen, und er gesteht Rich und Seymour, dem früheren Verehrer des Fräuleins von Sternheim, seine Verschuldung. Die beiden gehen auf die Suche nach Sophie, finden sie. Beide Männer wollen auf Grund ihrer Freundschaft auf die geliebte Frau verzichten, doch dann wird Sophie die Gattin Lord Seymours und eine vorbildliche Ehefrau und Mutter sowie platonische Freundin Lord Richs.
Der Briefroman fand bei den zeitgenössischen Leserinnen schon großen Anklang wegen der dramatischen Handlung. Aber wichtiger noch war Sophie

von La Roche die hochgradige Akzeptanz des weiblichen Tugendideals, das sie mit ihrer Romanheldin den Leserinnen anbot. Mit der empfindsamen Familiengeschichte verfolgte sie erzieherische Absichten im Sinne der religiösen Bekehrungsgeschichten. „Die Seele der Heldin muss durch einen bestimmten Durchgangspunkt der Verzweiflung gehen, einen Bußkampf erleben, dem dann der Gnadendurchbruch folgt." Die Briefform ermöglichte eine Steigerung des Ausdrucks subjektiver Empfindungen. Damit wurde der Roman nicht nur erfolgreich bei einem weiblichen Lesepublikum, sondern auch zum Vorbild für die Stürmer und Dränger.

7.1.3 Goethe „Die Leiden des jungen Werthers"

Unter den Briefromanen des 18. Jahrhunderts kommt den „Leiden des jungen Werthers" eine Sonderstellung zu. Nirgendwo sonst bildet der Subjektivismus des Helden so uneingeschränkt Thema und Darstellungsprinzip wie in diesem Erstlingsroman Goethes. Sein Verfasser – immerhin schon seit dem früher erschienenen „Götz" bekannt – wird mit dem „Werther" erst populär. Die Verbreitung des Romans über Nach- und Neudrucke und über Übersetzungen ins Französische (bereits 1775), ins Englische (1779) und ins Italienische (1781) ist so spektakulär, dass sie nicht nur dem Autor, sondern auch der noch jungen Gruppierung des Sturm und Drang eine über den nationalen Bereich hinausreichende Bedeutung verleiht.

Bruch der Leseerwartungen. In Deutschland entfacht der Roman gleich nach seinem Erscheinen eine Diskussion, die die vorangegangene „Götz"-Debatte noch übertrifft. Dabei geht es nicht nur um literarische Fragen. Das im 18. Jahrhundert entwickelte Konzept einer aufklärerischen Literatur setzt die Vermittlung bürgerlicher Normen und Wertvorstellungen als oberstes Ziel. Dem entspricht im Bereich des Romans eine Literatur, die am Schicksal des Helden die Überlegenheit bürgerlicher Tugenden über Laster und Unmoral höfischer Lebensweise propagiert. Goethes „Werther" bricht nun auf eine besonders radikale Weise mit solchen Erwartungen an die Literatur: Erzählt wird die Geschichte eines Mannes, der die Aussicht auf eine für den Bürgerlichen glänzende berufliche Karriere aufgibt, der sich in eine schwärmerisch-unglückliche Liebe verirrt und schließlich Selbstmord begeht, als sein Leiden für ihn keine andere Fluchtmöglichkeit zulässt. Entscheidender noch als die im Grunde recht banale Geschichte ist die von Goethe gewählte Perspektive der Darstellung, die grundsätzliche Zweifel aufkommen lässt, ob der im Zentrum bürgerlichen Selbstverständnisses stehende Gedanke der individuellen Selbstverwirklichung unter den im ausgehenden 18. Jahrhundert gegebenen Verhältnissen überhaupt zu realisieren sei. Insofern wird der Roman für viele Kritiker zum Skandal.

Auch Lessing geht es um die besondere Art und Weise, wie Goethe die „Leiden des jungen Werthers" in dessen Briefen zum Ausdruck bringt, wenn er am 26.10.1774 in einem Brief an Eschenburg schreibt:

„Haben Sie tausend Dank, für das Vergnügen welches Sie mir durch die Mittheilung des Goethe'schen Romans gemacht haben. Ich schicke ihn noch einen Tag früher zurück, damit auch Andere dieses Vergnügen je eher je lieber genießen können. Wenn aber ein so warmes Produkt nicht mehr Unheil als Gutes stiften soll: meinen Sie nicht, dass es noch eine kleine kalte Schlussrede haben müsste? Ein Paar Winke hinterher, wie Werther zu einem so abenteuerlichen Charakter gekommen; wie ein andrer Jüngling, dem die Natur eine ähnliche Anlage gegeben, sich davor zu bewahren habe. Denn ein solcher dürfte die *poetische* Schönheit, leicht für die *moralische* nehmen, und glauben, dass der gut gewesen seyn müsse, der unsere Teilnehmung so stark beschäftigt. Und das war er doch wahrlich nicht."

Lessings Kritik gilt also dem Autor bzw. der Erzählerfigur, die sich darauf beschränkt, Werthers Geschichte zu dokumentieren, und bewusst darauf verzichtet, aus einer distanziert-überlegenen Position diesen Fall für den Leser zu kommentieren. Die Reaktion der Stürmer und Dränger auf derartige Einwände ist aufschlussreich. Sie zeigt, dass die auch in Lessings Stellungnahme erkennbare aufklärerisch-didaktische Funktionsbestimmung der Literatur zwar nicht grundsätzlich in Frage gestellt, aber doch in entscheidenden Punkten modifiziert wird. Wenn für Lessing die Trennung zwischen „poetischer" und „moralischer" Schönheit noch fraglose Voraussetzung bildet und von daher die ästhetische Darstellung der belehrenden Wirkung untergeordnet wird, so gewinnt für die Autoren des Sturm und Drang das Poetische einen Eigenwert, aus dem das Moralische gar nicht mehr herausgetrennt werden kann. Wenn eine Darstellung poetisch ist, trägt sie ihre eigene Moral in sich. Die moralische Wirkung auf den Leser ist dann die notwendige Folge. Lenz liefert in seinen „Briefen über die Moralität der ‚Leiden des jungen Werthers'" ein markantes Beispiel für diese neue ästhetische Position. Er weist die Vorwürfe, Goethes Roman biete „eine subtile Verteidigung des Selbstmords" und „die Darstellung so heftiger Leidenschaften [sei] dem Publikum gefährlich", nicht nur als gegenstandslos und unbegründet zurück, sondern versucht umgekehrt, die in der Darstellung Goethes zum Ausdruck kommende besondere „Moralität" nachzuweisen.

„Lasst uns einmal die Moralität dieses Romans untersuchen, nicht den moralischen Endzweck, den sich der Dichter vorgesetzt (denn da hört er auf, Dichter zu sein), sondern die moralische Wirkung, die das Lesen dieses Romans auf die Herzen des Publikums haben könne und haben müsse." „Und die moralische Wirkung", so heißt es an etwas späterer Stelle, „besteht im Falle des Werther gerade darin, dass er uns mit Leidenschaften und Empfindungen bekannt macht, die jeder in sich deutlich fühlt, die er aber nicht mit Namen zu nennen weiß. Darin besteht das Verdienst jedes Dichters."

Die Stürmer und Dränger stehen – das zeigen die letzten Worte von Lenz besonders deutlich – durchaus in der Tradition der Aufklärung; sie definieren jedoch die Aufgabe der Literatur als Kunst neu. Es geht darum, die Wirklichkeit authentisch und unmittelbar zu erfassen und neue, bislang ausgesparte Bereiche der Wirklichkeit der poetischen Darstellung zugänglich und damit überhaupt erst erfahrbar zu machen. Soweit es sich dabei um die Wirklichkeit des Menschen handelt, sollen seine emotionalen Kräfte nicht mehr (wie in der vorangegangenen rationalistischen Phase der Aufklärung) der Vernunft untergeordnet werden; vielmehr zielt das neue Menschenbild auf eine harmonische Entfaltung aller Kräfte des Menschen. Damit wird der Anspruch auf Selbstverwirklichung noch einmal intensiviert. Goethes „Werther“ bringt die in diesem Anspruch enthaltenen inneren Widersprüche auf eine provozierende Weise zum Ausdruck.

Werthers Subjektivismus. Die Stilisierung des Herzens zum Zentrum der Persönlichkeit ist das kennzeichnende Merkmal von Werthers subjektivistischer Lebenseinstellung. Werther weiß zwar, was ihn in den Augen anderer besonders auszeichnet: seine kenntnisreiche Bildung, sein scharfer Verstand, seine beruflichen Fähigkeiten und Anlagen, doch gilt ihm all dies nur wenig gegenüber jener inneren Kraft, die allein seine Individualität und Identität bestimmt. „Ach was ich weiß, kann jeder wissen“, schreibt er im Brief vom 9. Mai. „Mein Herz hab ich allein.“

Rückt so das Herz ins Zentrum von Werthers Selbstverständnis, so wird das Gefühl zur eigentlichen Kraft und Triebfeder des Handelns. Es vermittelt eine intuitive Erkenntnis, der Werther alle wichtigen Lebensentscheidungen anvertraut. So, wie er sich zu Beginn des Romans auf sein Herz beruft, um dem Freund die Abreise zu erklären, so wird er es im weiteren Verlauf des Geschehens bei allen anstehenden Entscheidungen immer wieder tun. Und wenn sein Versuch, sich über die berufliche Laufbahn bei Hofe in die Gesellschaft zu integrieren, schließlich scheitert, dann ist ihm dies nur ein Beweis dafür, dass er mit diesem Schritt nicht der Stimme seines Herzens, sondern lediglich dem Drängen Dritter und ihrer nüchtern-vernünftigen Überlegungen folgte.

Auch in der Beziehung zu anderen Menschen gehorcht Werther seinem Gefühl. Er findet leicht Kontakt und Anerkennung, doch beklagt er immer wieder die Äußerlichkeit und Oberflächlichkeit solcher Verbindungen. Die Beziehung zu anderen Menschen wird ihm erst dort wirklich wichtig, wo er den anderen als Teil einer inneren Herzensgemeinschaft wahrnimmt, die sich durch die potenzielle Gleichheit des Erlebens und Empfindens auszeichnet. Nur wenige, mit denen Werther zusammentrifft, genügen diesem Anspruch: die früh verstorbene Jugendfreundin, Wilhelm, der Freund und Adressat der

Briefe, das Fräulein von B. und vor allem Lotte. Werther macht wiederholt die beglückende Erfahrung, dass im Umgang mit diesen Menschen die vielfältigen Verständigungsbarrieren und damit auch die Gefahren der Isolation und Vereinzelung, in die Werther auf Grund seiner Egozentrik notwendigerweise gerät, entfallen können. Allerdings gelingt dies nur in ganz seltenen Augenblicken, während sonst die resignierende Einsicht dominiert, dass dem Bedürfnis nach Kontakt und Mitteilung enge Grenzen gesteckt sind.

„Ich möchte mir oft die Brust zerreißen", notiert Werther am 27.10., „und das Gehirn einstoßen, dass man einander so wenig sein kann. Ach die Liebe, Freude, Wärme und Wonne, die ich nicht hinzubringe, wird mir der andere nicht geben, und mit einem ganzen Herzen voll Seligkeit werde ich den andern nicht beglücken, der kalt und kraftlos vor mir steht."

Ein Ausdruck des Subjektivismus ist weiterhin die für Werther charakteristische Konzentration der Wahrnehmung auf die eigene Psyche. Häufig ist die Wahrnehmung der Außenwelt nur Anlass, die innere Befindlichkeit und emotionale Gestimmtheit zu erfassen. Dies gilt für Werthers Verhältnis zur Natur in ähnlicher Weise wie für seine Beschäftigung mit Kunst und Literatur. Hier wie dort geht es nicht um die Auseinandersetzung eines Ichs mit der Außenwelt, sondern um die Intensivierung einer bereits vorgeprägten inneren Gestimmtheit. Deshalb sucht und erlebt Werther die Natur ganz unterschiedlich, und deshalb auch bestimmt die heiter-erhebende Homer-Lektüre den Anfangsteil des Romans, während die düster-tragischen Ossian-Gesänge die entsprechende Spiegelung für den zweiten Teil und insbesondere für den Schluss des Romans liefern.
Der Rückwendung auf das eigene Ich liegt ein Lebensgefühl zu Grunde, das die Möglichkeit einer produktiven Selbstverwirklichung unter den gegebenen Bedingungen nicht nur skeptisch beurteilt, sondern letztlich leugnet.

„Wenn ich die Einschränkung ansehe, in welcher die tätigen und forschenden Kräfte des Menschen eingesperrt sind; wenn ich sehe, wie alle Wirksamkeit dahinaus läuft, sich die Befriedigung von Bedürfnissen zu verschaffen, die weiter keinen Zweck haben, als unsere arme Existenz zu verlängern, und dann, dass alle Beruhigung über gewisse Punkte des Nachforschens nur eine träumende Resignation ist, da man sich die Wände, zwischen denen man gefangen sitzt, mit bunten Gestalten und lichten Aussichten bemalt – Das alles, Wilhelm, macht mich stumm. Ich kehre in mich selbst zurück, und finde eine Welt!" So lautet Werthers Eintragung vom 22. Mai.

Sieht man von dem Schlusssatz ab, dann äußert sich in diesen Worten ein radikal pessimistisches Welt- und Lebensgefühl. Das Leben als Kerker, aus dem nur der Tod hinausführt – dieses an den „Götz" erinnernde Bild bestimmt und lähmt Werthers Denken. Die im Schlusssatz der zitierten Textstelle anklingende Hoffnung kann nicht darüber hinwegtäuschen, dass diese „innere Welt“ für Werther wiederum nur punktuell erreichbar ist, und dies auch nur unter den Voraussetzungen, wie sie in diesem frühen Stadium der Romanhandlung gegeben sind. Im weiteren Verlauf des Geschehens zeigt sich zunehmend deutlicher, dass dieser Rückzug in die Welt des eigenen Ichs die vielfältigen Versagungen und Enttäuschungen, die Werther erlebt, keineswegs kompensieren kann. Die Hoffnung, so auf Dauer den Anpassungszwängen der Gesellschaft zu entgehen, erweist sich als trügerisch. Als letzte und radikalste Lösung bleibt schließlich nur der Selbstmord, mit dem Werther seinen Rückzug aus der Welt vollendet.

Werthers Subjektivismus ist nicht nur Thema des Romans, er ist auch sein beherrschendes Darstellungsprinzip. War der *Briefroman* schon seit Richardson in besonderer Weise geeignet, die Subjektivität des Helden zum Ausdruck zu bringen, so verstärkt Goethe diese Tendenz noch, indem er das Geschehen ausschließlich aus der Perspektive Werthers darstellt. Da der Herausgeberbericht sich ganz darauf beschränkt, dessen Geschichte zu Ende zu erzählen, wird die in den Briefen Werthers enthaltene Perspektive absolut gesetzt. Gegenpositionen, die dessen Beurteilung relativieren oder in Frage stellen, kommen nicht direkt zu Wort, sondern nur in der subjektiven Wiedergabe Werthers.
Die suggestive Wirkung des Romans kommt nicht zuletzt durch den besonderen Briefstil zu Stande, in dem die emphatische Gefühlsaussprache alle darstellend-berichtenden Passagen überlagert. Werther weiß selbst, dass er kein guter „Historienschreiber“ ist. Er muss sich oft zwingen, die Ereignisse in ihrer chronologischen Abfolge wiederzugeben, damit sie für den Leser überhaupt verständlich werden. Immer wieder drängt sich der innere Erregungszustand in die sprachliche Mitteilung, unterbricht diese und lenkt zurück auf das eigene Ich. Dieser Hang zur totalen Selbstreflexion bewirkt, dass viele Briefe, zumal die kürzeren, gar nicht mehr erkennen lassen, dass sie an einen bestimmten Adressaten gerichtet sind. Der Akzent liegt so sehr auf der Ich-Aussprache, dass es sich ebenso gut um Auszüge aus einem Tagebuch handeln könnte.

Das bürgerliche Subjekt im Konflikt mit der Gesellschaft. Die gesteigerte Subjektivität Werthers führt notwendig zum Konflikt mit der Gesellschaft. In der Konzeption des Romans kommt dieser Konflikt in unterschiedlichen Konstellationen zum Ausdruck. Er deutet sich bereits an in dem problematischen Verhältnis Werthers zu seiner Mutter. Nach dem frühen Tod des Vaters ist sie für Werthers Erziehung verantwortlich. Sie vor allem zwingt dem Sohn ihre Vorstellungen über eine angemessene Berufslaufbahn als Gesandter oder Geheimrat in der höfischen Bürokratie auf, und sie gehört zu jenen, die ihn – seinen eigenen Worten zufolge – „ins Joch geschwatzt und ihm so viel von Aktivität vorgesungen" haben. Sie veranlasst nach dem Tod ihres Mannes den Umzug aus Werthers Geburtsort (dem „lieben vertraulichen Ort") in die „verhasste Stadt" und eröffnet damit einen Leidensweg, an dem Werther rückblickend nur noch die „fehlgeschlagenen Hoffnungen" und zerstörten Illusionen konstatieren kann. Der Schluss liegt nahe, dass Werther die von ihm verachteten Forderungen der Gesellschaft zuerst als Forderungen der willensstrengen Mutter kennen lernt und dass bereits die gestörte Mutter-Kind-Beziehung durch den Druck gesellschaftlicher Anpassungszwänge bedingt ist.

In der Person Alberts wird Werther ein Mensch gegenübergestellt, der die sozial gewünschten Normen und Verhaltensmuster vorbildlich repräsentiert. Der Verlobte und spätere Ehemann Lottes ist damit das genaue Gegenbild Werthers. Dass er „ein braver, lieber Kerl" ist, „dem man gut sein muss" (30. Juli), dass er am Hof „sehr beliebt ist" und dort „ein Amt mit einem artigen Auskommen" erhalten wird (10. August), sind erste Hinweise in den Briefen Werthers, die nicht nur Aufschluss geben über Alberts angesehene soziale Position, sondern auch über Werthers Schwierigkeiten, sich auf diesen Rivalen einzustellen. Diese Schwierigkeiten wachsen, je mehr es Albert in der Folge gelingt, das gemeinsame Rollenspiel in der Dreierbeziehung gelassen hinzunehmen und zu Werther eine freundschaftliche Beziehung aufzubauen, deren Entwicklung jedoch zwiespältig bleibt.

Die tiefe Gegensätzlichkeit im Denken beider Männer tritt in dem Disput über den Selbstmord schließlich offen zu Tage (12. August). Für Albert ist Selbstmord ein Handeln aus innerer Schwäche, allenfalls zu erklären, aber nicht zu billigen, da er die Grundregeln menschlichen Zusammenlebens untergräbt. Werther wendet sich gegen diese Ausschließlichkeit und Allgemeingültigkeit, mit der solche Gesetze als Maßstab menschlichen Handelns angesehen werden, ohne dass „die inneren Verhältnisse einer Handlung erforscht" werden. In seiner Argumentation ist der Selbstmord nur ein Handeln aus Leidenschaft, das nicht nach irgendwelchen vorgegebenen sozialen Normen, sondern nach individueller Notwendigkeit bewertet werden muss. Werther reklamiert damit für sich – wie für alle „außerordentlichen Menschen, die etwas Großes, etwas Unmöglichscheinendes würkten" (ebd.) – das Recht, die Normen des eigenen Handelns aus der Natur seines Wesens und seines Charakters abzuleiten. Die Verbindlichkeit christlich-religiöser wie auch bürgerlich-aufklärerischer Wertvorstellungen wird damit zwar nicht grundsätzlich abgelehnt, aber dennoch deutlich relativiert.

Unverkennbar artikuliert sich in dieser Einstellung Werthers das hoch entwickelte Selbstbewusstsein eines Individuums, das mit den vielfältigen sozialen Einschränkungen der ständischen Gesellschaftsordnung notwendigerweise in Widerspruch gerät. Wie dieser latent angelegte Konflikt zum gesellschaftlichen Skandal führt, dokumentieren Werthers Briefe zu Beginn des zweiten Romanteils, als er ein letztes Mal versucht, durch Übernahme einer Stellung bei Hofe sich mit dieser Gesellschaft und ihren Erwartungen zu arrangieren. Obwohl Werther auch hier Freunde und Gönner findet, die die außergewöhnliche Begabung des jungen Mannes erkennen und fördern wollen, scheitert der Versuch.

Die Tatsache, dass die aristokratische Gesellschaft ihm die soziale Anerkennung verweigert, dass er sich im Rahmen einer Abendgesellschaft von dem Grafen auffordern lassen muss, die im Salon versammelten adligen Gäste zu verlassen, und das darauf einsetzende Gerede, mit dem die Öffentlichkeit die soziale Zurechtweisung zum gesellschaftlichen Skandal stilisiert, treffen Werther in seinem Selbstbewusstsein so tief, dass er die Arbeit unter solchen Bedingungen nicht mehr fortführen kann. Er bittet um seine Demission.

7.2 Authentische Erfahrung: Lyrik des jungen Goethe

Johann Wolfgang von Goethe (Gedichte):
Es schlug mein Herz. Geschwind, zu Pferde! (1771)
Maifest (1771)
Prometheus (1774)

Die Lyrik des jungen Goethe, genauer, die seit 1770 entstandenen Gedichte gelten allgemein als frühe Beispiele einer neuartigen Form lyrischer Dichtkunst, die weit über den Sturm und Drang hinaus bis in die Moderne traditionsstiftend gewirkt hat. Lyrik als Ausdruck einer einmaligen individuellen Erfahrung, als sich in Sprache enthüllende Subjektivität, als Dokument eines gesteigerten Ichbewusstseins – solche und ähnliche Formeln versuchen das Neue dieser goetheschen Lyrik auf den Begriff zu bringen. Freilich bildet sich die neue Form nicht abrupt; Goethe hat immer wieder Gedichte geschrieben, die erkennbar früheren literarischen Traditionen verpflichtet sind. Dies gilt auch für viele, die der Sturm-und-Drang-Phase zugerechnet werden. Wenn dennoch von einem Strukturwandel in der Lyrik des jungen Goethe gesprochen wird, dann im Blick auf solche Beispiele, in denen die neue Form besonders deutlich zum Ausdruck kommt.

Herder hat schon 1771 in seinem *„Auszug aus einem Briefwechsel über Ossian und die Lieder alter Völker“* von zwei Ausdrucksmöglichkeiten „unserer gegenwärtigen Dichtkunst“ gesprochen.

„Erkennet ein Dichter, dass die Seelenkräfte, die teils sein Gegenstand und seine Dichtungsart fordert und die bei ihm herrschend sind, *vorstellende, erkennende* Kräfte sind, so muss er seinen Gegenstand und den Inhalt seines Gedichts in Gedanken so überlegen, so deutlich und klar fassen, wenden und ordnen, dass ihm gleichsam die Lettern schon in die Seele gegraben sind, und er gibt an seinem Gedichte nur den ganzen, redlichen Abdruck. Fordert sein Gedicht aber Ausströmung der Leidenschaft und der Empfindung oder ist in seiner Seele diese Klasse von Kräften die würksamste, die geläufigste Triebfeder, ohne die er nicht arbeiten kann, so überlässt er sich dem Feuer der glücklichen Stunde und schreibt und bezaubert."

Es liegt nahe, in dieser Gegenüberstellung Herders die unterschiedlichen produktionsästhetischen Normen und Vorstellungen wieder zu finden, wie sie für die rationalistisch-aufklärerische Literatur einerseits und für den Sturm und Drang andererseits charakteristisch sind. Herder argumentiert in seiner Abhandlung aber differenzierter und vorsichtiger. Vor allem verbindet er mit seiner Abgrenzung keine qualitative Abwertung; er versucht lediglich, zwei unterschiedliche Möglichkeiten, wie Gedichte entstehen, idealtypisch zu fixieren: entweder „lange und stark und lebendig gedacht oder schnell und würksam empfunden", wie er wenig später formelhaft zusammenfasst. Die Künstlichkeit einer solchen Trennung konstatiert er selbst, indem er einräumt, dass viele Autoren die beiden Arten des Dichtens miteinander zu verbinden suchten.
Lyrik als „Ausströmung der Leidenschaft und Empfindung" findet Herder vorzugsweise unter den Volksliedern. Die zeitgenössischen Autoren, die er in diesem Zusammenhang anführt, ordnet er entweder der erstgenannten Richtung zu (so z. B. Haller, Kleist und Lessing), oder er sieht in ihrem Werk beide Richtungen miteinander vereint (wie etwa bei Ramler, Wieland und Gerstenberg). Lediglich Klopstocks Gedichte – und diese auch nur in den „ausströmendsten Stellen", wie er einschränkend hinzufügt – gelten ihm als Beispiele für Lyrik „von der zweiten Art".

7.2.1 Die Lyrik Klopstocks als Vorbild

Die Einflüsse Friedrich Gottlieb Klopstocks (1724–1803) auf den Sturm und Drang lassen sich leicht nachweisen. Besonders intensiv sind die Beziehungen zum „Göttinger Hain", dem Klopstock 1774 selbst als Mitglied betritt. Die Verbindung zum Straßburger Kreis vermittelt wiederum Herder. 1771 erscheint in Darmstadt als Privatdruck (34 Exemplare für zuvor ausgesuchte Besitzer) eine erste Sammlung von Oden und Elegien Klopstocks, die durch Herder auch nach Straßburg gelangt. Noch im selben Jahr wird die erste Gesamtausgabe der Oden Klopstocks gedruckt, die die seit 1748 einzeln erschienenen Gedichte zusammenfasst. „Der Zürchersee" (1750) und „Die Frühlingsfeier" (1759) zählen zu den bekanntesten. Diese Lyrik wie

auch die ebenfalls seit 1748 nach und nach erscheinenden „Gesänge“ des „Messias“, eines biblischen Epos in Hexametern, verhelfen Klopstock zu einem ungewöhnlichen, wenn auch nicht unumstrittenen Ansehen in der Öffentlichkeit.
Die Lyrik des jungen Goethe ist durch Klopstock nachhaltig beeinflusst. In seiner Altersbiografie „Dichtung und Wahrheit“ schreibt Goethe:

„Nun sollte aber die Zeit kommen, wo das Dichtergenie sich selbst gewahr würde, sich seine eignen Verhältnisse selbst schüfe und den Grund zu einer unabhängigen Würde zu legen verstünde. Alles traf in Klopstock zusammen, um eine solche Epoche zu begründen.“

Goethe verweist damit auf die epochale Bedeutung, die Klopstock als Autor und seine Dichtung für die Literatur in Deutschland hat. Seit 1750 materiell weitgehend abgesichert durch die Pension des dänischen Königs, ist Klopstock der erste Autor, der sich, ohne einen bürgerlichen Beruf auszuüben, ganz seiner Aufgabe als Dichter widmet. Er sieht im Dichter die freie Schöpferpersönlichkeit, die die Poesie als „ein Werk des Genies“ versteht. 1756 erscheint seine Abhandlung „Von der heiligen Poesie“, die die Genieästhetik des Sturm und Drang bereits in wichtigsten Punkten vorwegnimmt. „Das Herz zu rühren“ wird ihm zur wichtigsten Aufgabe der Dichtung. In der expressiv-pathetischen Sprache seiner Gedichte versucht Klopstock immer wieder, die eigene „heroische Gemütsbewegung“ zum Ausdruck zu bringen. Freundschaft, Liebe, Natur, die geheimnisvolle Unendlichkeit der göttlichen Schöpfung, aber auch die patriotische Begeisterung für das Vaterland sind die zentralen Motive.
Auch wenn in manchen Gedichten die auf Intensivierung des Gefühls zielende Sprache stark überhöht und kunstvoll konstruiert erscheint (dies gilt allerdings noch wesentlich stärker für den „Messias“), so ist es doch die neue Ausdrucksmöglichkeiten eröffnende Sprache Klopstocks, die die jüngeren Autoren des Sturm und Drang besonders beeindruckt. Herder urteilt bereits 1767/68 in seinen „Fragmenten über die neuere deutsche Literatur“:

„Es ist Klopstock, der erste Dichter unseres Volkes, der, so wie Alexander Macedonien, die Deutsche Sprache seiner Zeit nothwendig für sich zu enge finden mußte: der sich also in ihr eine Schöpfersmacht anmaaßte, diese zur Bewunderung ausübte, und zu noch größerer Bewunderung nicht übertrieb: ein Genie, das auch in der Sprache eine neue Zeit anfängt.“

7.2.2 „Scherzhafte Lieder“

Goethes Gedichte aus der Vorstraßburger Zeit sind aufschlussreich lediglich in entwicklungsgeschichtlicher Sicht. Die meisten der in Leipzig zwischen 1765 und 1768 entstandenen Beispiele zeigen, wie Goethe sich in einem

Muster modisch-scherzhafter Lyrik versucht, in einer bestimmten literarischen Tradition, wie er sie vorfindet und in der der Einfluss Klopstocks noch nicht erkennbar ist. Das folgende Beispiel stammt aus einer 1758 in Leipzig erschienenen Sammlung mit dem bezeichnenden Titel „Scherzhafte Lieder“:

Christian Felix Weiße: Der Kuss

Ich war bei Chloen ganz allein
Und küssen wollt' ich sie.
Jedoch sie sprach, sie würde schrein
Es sei vergebne Müh'

Ich wagt' es doch und küsste sie
Trotz ihrer Gegenwehr.
Und schrie sie nicht? Ja wohl, sie schrie –
Doch lange hinterher.

Liebe als Thema wird, wie das Beispiel zeigt, auf eine geistreich-witzige Art behandelt. Konventionell sind sowohl der strenge, ganz auf die Schlusspointe ausgerichtete Aufbau als auch die inhaltliche Ausgestaltung des Motivs. Der Mädchenname Chloe (griechisch „grün“) verweist auf den Vorstellungshintergrund der antikisierenden Schäferdichtung, in der die Liebe zwischen den Geschlechtern in eine unwirklich-idealisierte Welt verlagert und zum literarischen Gesellschaftsspiel stilisiert wird. Es geht dieser Literatur nicht um die Vermittlung von Erfahrungen, schon gar nicht um „Ausströmung von Leidenschaft und Empfindung“ im Sinne Herders. Das Gedicht zielt vielmehr auf gesellschaftlich sanktionierte Unterhaltung für ein literarisch-interessiertes Publikum, das mit dieser Gattung wohl vertraut ist.

Dass *Goethe* in der Leipziger Zeit an diese Tradition anknüpft, zeigt sein Gedicht *„Das Schreien“* (1767), in dem er das gleiche Motiv wie Weiße aufgreift:

Jüngst schlich ich meinem Mädchen nach,
Und ohne Hindernis
Umfasst' ich sie im Hain; sie sprach:
„Lass mich, ich schrei' gewiss!“
Da droht' ich trotzig: „Ha, ich will
Den töten, der uns stört!“
„Still“, winkt sie lispelnd, „Liebster, still!
Damit uns niemand hört!“

7.2.3 Lyrische Vergegenwärtigung des Ichs: Goethes „Sesenheimer Lieder“

Von März 1770 bis August 1771 lebt Goethe in Straßburg, um dort sein Jurastudium abzuschließen. Die in dieser Zeit entstandenen Gedichte, die „Sesenheimer Lieder“, tragen ihren Namen nach dem kleinen, nahe bei Straßburg gelegenen Ort, wo Goethe die Pfarrerstochter Friederike Brion kennen und lieben lernt. Die Gedichte waren zunächst nicht für Druck und

Veröffentlichung bestimmt. Erst 1775 erscheinen einige erstmalig in der Zeitschrift „Iris“. So auch die beiden bekanntesten unter ihnen: „Es schlug mein Herz. Geschwind, zu Pferde!“, ein Gedicht aus dem Frühjahr 1771, das in einer späteren Werkausgabe den Titel „Willkommen und Abschied“ erhält, und das im Mai 1771 entstandene „Maifest“, später als „Mailied“ in die Sammlungen aufgenommen.
Im *„Maifest“* artikuliert sich ein hymnischer Preis auf Liebe und Natur, worin ein emphatisch-begeistertes Ich seine wahre Erfüllung gefunden zu haben scheint:

Wie herrlich leuchtet
Mir die Natur!
Wie glänzt die Sonne!
Wie lacht die Flur!

Es dringen Blüten
Aus jedem Zweig
Und tausend Stimmen
Aus dem Gesträuch

Und Freud' und Wonne
Aus jeder Brust.
O Erd', o Sonne,
O Glück, o Lust,

O Lieb', o Liebe,
So golden schön
Wie Morgenwolken
Auf jenen Höhn [...]

Schon in der zweiten Zeile der ersten Strophe wird die Frühlingspracht der Natur auf das eigene Ich bezogen. Wie „Blüten aus jedem Zweig“ dringen „Freud' und Wonne aus jeder Brust“. Der Parallelismus dieser Zeilen verweist auf eine geheime, nicht näher zu bestimmende Identität zwischen der inneren Natur des Menschen und der äußeren, wahrgenommenen Natur. Die Grenzen zwischen Ich und Umwelt verschwinden. Das Bild der Natur bleibt dabei weitgehend unbestimmt, ebenso unbestimmt wie die Gestalt des Mädchens, die in den Schlussstrophen besungen wird:

O Mädchen, Mädchen,
Wie lieb' ich dich!
Wie blinkt dein Auge,
Wie liebst du mich!

So liebt die Lerche
Gesang und Luft,
Und Morgenblumen
Den Himmelsduft,

Wie ich dich liebe
Mit warmem Blut,
Die du mir Jugend
Und Freud' und Mut

Zu neuen Liedern
Und Tänzen gibst.
Sei ewig glücklich,
Wie du mich liebst.

Liebe also nicht als die konkrete Liebesbeziehung zu einem bestimmten Wesen, sondern als psychische Gemütslage und Gestimmtheit des Sprechers sich selbst wie der Welt gegenüber ist das Thema des Gedichts. Die „Geschichte“ dieser Liebe, vor allem ihre gesellschaftlich-sozialen Bedingun-

gen, spielt daher keine Rolle. Die Wahrnehmung des Sprechers konzentriert sich vorrangig auf das eigene Ich, das durch das innere Erlebnis der Liebe und Natur ein neues Bewusstsein seiner selbst gewinnt.
Ganz ähnlich wird die Liebe in *„Willkommen und Abschied"* thematisiert, auch wenn in diesen Strophen der nächtliche Ritt, die Ankunft bei der Geliebten und der Abschied am nächsten Morgen „erzählt" und damit Stationen eines „Ereignisses" suggeriert werden. (Auffälligerweise bleiben jedoch die Ankunft selbst wie auch die Zeit zwischen Ankunft und Abschied in der Darstellung ausgespart.) Wiederum gewinnt die Gestalt des Mädchens keine individuellen Züge. Im Vordergrund stehen erneut das Ich des Sprechers und die in seinem Sprechen zum Ausdruck kommende Vergegenwärtigung der Liebe. Das Bewusstsein der inneren Kraft und der seelischen Erregtheit bestimmt schon die beiden Anfangszeilen:

> Es schlug mein Herz. Geschwind, zu Pferde!
> Und fort, wild wie ein Held zur Schlacht.

In der späteren Fassung lautet die zweite Zeile: „Es war getan fast eh gedacht", womit zwar der Eindruck jugendlicher Kraft gemildert, dafür aber die für den Sturm und Drang charakteristische Betonung des Handelns gegenüber dem Denken ausdrücklich hervorgehoben wird. Die folgende Naturschilderung mit ihren ungewöhnlich ausdrucksstarken Bildern ist nicht Selbstzweck, sondern Kontrast für den Mut des Helden.

> Die Nacht schuf tausend Ungeheuer,
> Doch tausendfacher war mein Mut,
> Mein Geist war ein verzehrend Feuer,
> Mein ganzes Herz zerfloss in Glut. (1. Fassung)

Von diesem Schluss der zweiten Strophe erfolgt abrupt der Übergang zu der Begegnung mit der Geliebten. Diese Liebe ist nicht mehr erotische Tändelei, sondern „Zärtlichkeit", die die Leidenschaft lediglich als „Fülle des Herzens", nicht aber als offen artikulierte sexuelle Begierde kennt. Deshalb kann das Gedicht auch trotz der Klage über den Abschiedsschmerz mit einem Preis auf das „Glück, geliebt zu werden! Und [zu] lieben" enden: Die Verabsolutierung der Liebe zum allein bestimmenden Lebensgefühl wird damit als das für die „Sesenheimer Lieder" zentrale Motiv noch einmal zum Ausdruck gebracht.
Die Romanze mit der jungen Friederike Brion liefert zweifellos den für diese Gedichte bestimmenden Erlebnishintergrund. Dennoch ist der Begriff „Erlebnislyrik", wie er lange Zeit auch in der Literaturwissenschaft für die „Sesenheimer Lieder" verwendet wurde, eher missverständlich, da er leicht zur Annahme verleitet, es komme in diesen Gedichten das so und nicht anders biografisch Erlebte spontan zur Darstellung. Eine solche Annahme ver-

stellt den Blick dafür, dass auch diese Texte Kunstprodukte sind, die ihrerseits in einer literarischen Tradition stehen. Es ist jene Tradition, auf die der junge Goethe erst durch Herder aufmerksam wird. Die engen persönlichen Kontakte in Straßburg, wo Herder sich von September 1770 bis April 1771 aufhält, sind für Goethe von entscheidender Bedeutung.

7.2.4 Schöpferisches Selbstbewusstsein: Die „Prometheus"-Hymne

Bildet die Verabsolutierung des Ichgefühls in den „Sesenheimer Liedern" bereits den zentralen Bezugspunkt, so findet sie in der „Prometheus"-Hymne ihren offensten Ausdruck. Das Gedicht gehört zur Gruppe der Jugend-Hymnen, deren bekannteste („Mahomets-Gesang", „Ganymed", „Prometheus" und „An Schwager Kronos") zwischen der Jahreswende 1772/73 und Herbst 1774 entstanden sind. „Prometheus" war ursprünglich als Teil eines gleichnamigen Dramas konzipiert, von dem jedoch nur die ersten beiden Akte als Fragment vorliegen. Der Erstdruck der Hymne erfolgte – ohne Wissen Goethes – erst 1785.
Mit Prometheus wählt Goethe eine Gestalt der griechischen Mythologie, die für den Sturm und Drang eine Symbolfigur in mehrfacher Hinsicht war. Der Sage nach brachte Prometheus den Menschen das Feuer, das Zeus ihnen verweigern wollte. Die dieser Tat zu Grunde liegende trotzige Auflehnung gegen Zeus bestimmt gleich zu Beginn Aussage und Sprechgestus des Gedichts:

> Bedecke deinen Himmel, Zeus,
> Mit Wolkendunst!
> Und übe, Knaben gleich,
> Der Disteln köpft,
> An Eichen dich und Bergeshöhn!
> Musst mir meine Erde
> Doch lassen stehn,
> Und meine Hütte,
> Die du nicht gebaut,
> Und meinen Herd,
> Um dessen Glut
> Du mich beneidest.

Einer anderen Überlieferung zufolge hat Prometheus die Menschen geschaffen. Damit ist er die Symbolfigur für die schöpferische Kraft des Individuums, die der Sturm und Drang insbesondere im Genie des Künstlers wirken sieht. Hier findet die rebellische Geste gegen Zeus erst ihre eigentliche Berechtigung. Was immer Prometheus geschaffen hat, nicht die Hilfe der Götter, sondern er selbst, sein „heilig glühend Herz", hat es „vollendet". Entsprechend endet die Hymne mit einer Schlussstrophe, die das Bewusstsein eigener Schöpferkraft noch einmal gesteigert in Worte fasst:

Hier sitz' ich, forme Menschen
Nach meinem Bilde,
Ein Geschlecht, das mir gleich sei,
Zu leiden, weinen,
Genießen und zu freuen sich,
Und dein nicht zu achten,
Wie ich.

Symbolfigur ist Prometheus aber auch noch in einem anderen Sinne. Auch wenn Goethes Gedicht diese Perspektive nicht thematisiert: Die Abkehr des Prometheus von den Göttern führt notwendigerweise in die Vereinzelung. Er wird zwar die Welt mit seinen Geschöpfen bevölkern, aber dies um den Preis einer völlig abgesonderten Situation. Von hier wird ein Rückbezug auf jenes Ichgefühl und subjektivistisch-übersteigerte Selbstbewusstsein möglich, wie es in den „Sesenheimer Liedern" zu finden ist. Das dort gefeierte Erlebnis von Natur und Liebe, in dem das Ich zu sich selbst findet, ereignet sich ebenfalls nur in gesellschaftlicher Abgeschiedenheit und Isoliertheit. Die „Prometheus"-Hymne und die „Sesenheimer Lieder" gestalten jeweils Situationen, in denen dieses Selbstbewusstsein sich als innere Kraft behauptet und behaupten kann, weil es nicht auf Widerstände trifft. Im „Werther" dagegen bewirkt der Subjektivismus das Scheitern und den Untergang des Helden. Ähnliches gilt für Götz, um den es zum Schluss seines Lebens immer stiller wird und der schließlich in tragischer Vereinsamung stirbt.

Jahr	Daten deutscher Literatur und Philosophie	Allgemeine kulturgeschichtliche und politische Daten
1720	„Robinson Crusoe“ ins Deutsche übersetzt Wolff: Vernünftige Gedanken von der Menschen Tun und Lassen	J.S. Bach: Brandenburgische Konzerte
1723	Wolff: Vernünftige Gedanken von den Wirkungen der Natur	
1724	Klopstock geb.	Kant geb.
1726	Swift: Gullivers Reisen	Exakte Blutdruckmessungen durch Hales
1727		Neuber'sche Theatergruppe gegründet
1729	Lessing geb.	
1730	Gottsched: Versuch einer kritischen Dichtkunst vor die Deutschen	
1731	Schnabel: Insel Felsenburg	
1732	Gottsched: Sterbender Cato	Joseph Haydn geb.
1733		Bach: h-Moll-Messe Wieland und Nicolai geb. Polnischer Thronfolgekrieg (bis 1738)
1735		Caroline Neuber: Die Umstände der Schauspielkunst in allen vier Jahreszeiten Krieg zwischen Österreich, Russland und der Türkei (bis 1739)
1738	Hagedorn: Versuch in poetischen Fabeln und Erzählungen	
1739		Hume: Traktat über die menschliche Natur
1740	Johann Jakob Bodmer: Kritische Abhandlung von dem Wunderbaren in der Poesie Johann Jakob Breitinger: Kritische Dichtkunst Gottsched (Hrsg.): Deutsche Schaubühne (6 Bde., bis 1745)	Abschaffung der Folter in Preußen, der Hexenprozesse in Österreich Erste Kokshochöfen in England
1741		Österreichischer Erbfolgekrieg (bis 1748) Wiener Burgtheater gegründet
1743	Johann Elias Schlegel: Hermann	
1744		Erste Baumwollmanufaktur in Berlin
1746	Gellert: Fabeln und Erzählungen	

Jahr	Daten deutscher Literatur und Philosophie	Allgemeine kulturgeschichtliche und politische Daten
1747	Gellert: Das Leben der schwedischen Gräfin von G ... (bis 1748)	
1748	Klopstock: Messias (abgeschlossen 1773) Lessing: Der junge Gelehrte	Hume: Eine Untersuchung über den menschlichen Verstand Lamettrie: Der Mensch eine Maschine Montesquieu: Vom Geist der Gesetze
1749	Lessing: Der Freigeist	Bach: Die Kunst der Fuge
1750		Abschaffung der Hexenprozesse in Deutschland
1755	Lessing: Miss Sara Sampson Winckelmann: Gedanken über die Nachahmung der griechischen Werke in der Malerei und Bildhauerkunst	Engl.-frz. Kolonialkrieg (bis 1763)
1756	Gleim: Fabeln Geßner: Idyllen	Siebenjähriger Krieg (bis 1763)
1759	Lessing: Fabeln; 17. Literaturbrief; Philotas	Haydn: 1. Symphonie d-Dur
1760		Erste Ausstellung zeitgenössischer Kunst in London
1762	Rousseau: Du contrat social; Émile Wielands Shakespeare-Übersetzungen (bis 1766)	Mozarts erste Konzertreise Herder studiert in Königsberg
1763		Friede zu Hubertusburg beendet den Siebenjährigen Krieg Friede zu Paris zwischen England, Spanien und Frankreich
1764	Winckelmann: Geschichte der Kunst des Altertums	Kaiserkrönung Josephs II. in Frankfurt
1765		Goethe studiert in Leipzig (bis 1768)
1766	Wieland: Die Geschichte des Agathon Lessing: Laokoon oder Über die Grenzen der Malerei und Poesie Gerstenberg: Briefe über die Merkwürdigkeiten der Literatur (3 Bde., bis 1767)	Gottsched gest.
1767	Lessing: Die Hamburgische Dramaturgie (bis 1769) Herder: Fragmente „Über die neuere deutsche Literatur“ (bis 1768)	Eröffnung des Nationaltheathers in Hamburg

Jahr	Daten deutscher Literatur und Philosophie	Allgemeine kulturgeschichtliche und politische Daten
1767	Goethe: Das Buch Annette	
1769	Klopstock: Hermanns Schlacht Herder: Kritische Wälder; Seereise nach Frankreich; Reisejournal	
1770		Begegnung Herders und Goethes in Straßburg Kant Professor in Königsberg
1771	Klopstock: Oden Goethe: Zum Schäkespears-Tag; Urgötz; Friederiken-Lieder Sophie von La Roche: Geschichte des Fräuleins von Sternheim Sulzer: Allgemeine Theorie der Schönen Künste und Wissenschaften	
1772	Lessing: Emilia Galotti Geßner: Neue Idyllen Goethe: Wanderers Sturmlied; Von deutscher Baukunst Herder: Über den Ursprung der Sprache	Merck Leiter der „Frankfurter Gelehrten Anzeigen" Gründung des „Göttinger Hainbundes"
1773	Bürger: Lenore Goethe: Götz von Berlichingen (2. Fassung); Mahomets-Gesang Herder: Briefwechsel über Ossian; Zum Shakespeares-Tag; Von deutscher Art und Kunst	Schiller in der Karlsschule (bis 1780) Wieland: Teutscher Merkur (bis 1810)
1774	Klopstock: Gelehrtenrepublik Lenz: Der Hofmeister Goethe: Die Leiden des jungen Werthers; Ganymed; Prometheus; An Schwager Kronos Lenz: Anmerkungen übers Theater Herder: Auch eine Philosophie der Geschichte	Schubart: Die deutsche Chronik (bis 1778)
1775	Nicolai: Die Freuden des jungen Werthers	Beginn des nordamerikanischen Unabhängigkeitskrieges Herzog Karl August übernimmt Regierung in Weimar; Goethe siedelt nach Weimar
1776	Lenz: Die Soldaten Klinger: Sturm und Drang Wagner: Die Kindermörderin	Amerikanische Unabhängigkeitserklärung Erklärung der Menschenrechte Eröffnung des Wiener Burgtheaters

Jahr	Daten deutscher Literatur und Philosophie	Allgemeine kulturgeschichtliche und politische Daten
1776		Adam Smith: Natur und Ursachen des Volkswohlstandes
1777	Stolberg: Über die Fülle des Herzens Goethe beginnt mit „Wilhelm Meisters theatralischer Sendung“	Schubart in Blaubeuren verhaftet
1778	Herder: Volkslieder, erster Teil Lessing: Gespräche über Freimaurer	Rousseau gest. Voltaire gest.
1779	Herder: Volkslieder, zweiter Teil Lessing: Nathan der Weise	
1780	Lessing: Die Erziehung des Menschengeschlechts Schubart: Die Fürstengruft Friedrich II.: Über die deutsche Literatur Schiller: Versuch über den Zusammenhang der tierischen Natur des Menschen mit seiner geistigen	Joseph II. Nachfolger Maria Theresias
1781	Schiller: Die Räuber Kant: Kritik der reinen Vernunft	Toleranzedikt Josephs II.: u. a. Abschaffung von Leibeigenschaft und Folter
1782	Tod Lessings Schillers Flucht aus Stuttgart Uraufführung der „Räuber“ in Mannheim Goethe geadelt	
1783	Schiller: Die Verschwörung des Fiesco zu Genua	
1784	Schiller: Kabale und Liebe; Was kann eine gute stehende Schaubühne eigentlich wirken? Herder: Ideen zur Philosophie der Geschichte der Menschheit (bis 1791) Kant: Was ist Aufklärung?	
1785	Schubart: Gedichte aus dem Kerker Moritz: Anton Reiser (bis 1790) Schiller: An die Freude; Die Schaubühne als moralische Anstalt betrachtet Kant: Grundlegung zur Metaphysik der Sitten	Erste deutsche Dampfmaschine in Preußen

Jahr	Daten deutscher Literatur und Philosophie	Allgemeine kulturgeschichtliche und politische Daten
1786	Bürger: Münchhausen-Übersetzung Goethe: Iphigenie (in Jamben) Schiller: Philosophische Briefe	Friedrich II. von Preußen gest. Goethes erste Italienreise (bis 1788) Mozart: Figaros Hochzeit
1787	Schubart: Kaplied Schiller: Don Carlos Heinse: Ardinghello	Schubart: Vaterländische Chronik (bis 1791) Herzog Karl Eugen von Württemberg vermietet das Kapregiment an die Holländisch-Ostindische Kompanie Schiller in Weimar

Literaturhinweise

a) Textsammlungen

- Aufklärung – Sturm und Drang. Kunst- und Dichtungstheorien. Auswahl der Texte und Materialien v. Wilhelm Große. Stuttgart 1981.
- Was ist Aufklärung? Thesen und Definitionen. Hrsg. v. Ehrhard Bahr. Stuttgart 1974.
- Charlataneria Eruditorum. Satirische und kritische Texte zur Gelehrsamkeit. Hrsg. v. Alexander Košenina. St. Ingbert 1995.
- Dichtungstheorien der deutschen Frühaufklärung. Hrsg. v. Theodor Verweyen. Tübingen 1995.
- Empfindsamkeit. Theoretische und kritische Texte. Hrsg. v. Wolfgang Doktor und Gerhard Sauder. Stuttgart 1976.
- Die Entwicklung des bürgerlichen Dramas im 18. Jahrhundert. Ausgewählte Texte. Mit einem Nachwort hrsg. v. Jürg Mathes. Tübingen 1974.
- Vom Laienurteil zum Kunstgefühl. Texte zur deutschen Geschmacksdebatte im 18. Jahrhundert. Hrsg. v. Alexander Bormann. Tübingen 1974.
- Satiren der Aufklärung. Hrsg. v. Gunter Grimm. Stuttgart 1975.
- Von deutscher Republik. Texte radikaler Demokraten. Hrsg. v. Jost Hermand. Frankfurt a. M. 1975.
- Sturm und Drang. Dramatische Schriften. Plan und Auswahl v. Erich Loewenthal und Lambert Schneider. 3. A. Heidelberg 1972.
- Sturm und Drang. Weltanschauliche und ästhetische Schriften. 2 Bände. Hrsg. v. Peter Müller. Berlin und Weimar 1978.
- Ob die Weiber Menschen sind. Geschlechterdebatten um 1800. Hrsg. v. Sigrid Lange. Leipzig 1992.
- Zeichen der Zeit. Ein deutsches Lesebuch. Hrsg. v. Walter Killy. Band 1: 1750–1786. Neuwied 1981.

b) Begriff und Epoche

Aufklärung

- Alt, Peter André: Aufklärung. Stuttgart und Weimar 1996.
- Hofmann, Michael: Aufklärung. Tendenzen – Autoren – Texte. Stuttgart 1999.
- Jüttner, Siegfried und Jochen Schlabach (Hrsg.): Europäische Aufklärung(en). Einheit und nationale Vielfalt. Hamburg 1992.
- Klein, Wolfgang und Waltraud Naumann-Beyer (Hrsg.): Nach der Aufklärung? Beiträge zum Diskurs der Kulturwissenschaften. Berlin 1995.
- Krauss, Werner: Zur Konstellation der deutschen Aufklärung. In: ders.: Perspektiven und Probleme. Zur französischen und deutschen Aufklärung und andere Aufsätze. Neuwied und Berlin 1965, S. 143–265.
- Pütz, Peter: Die deutsche Aufklärung. Darmstadt 1978.
- Stollberg-Rilinger, Barbara: Europa im Jahrhundert der Aufklärung. Stuttgart 2000.

- Stuke, Horst: Aufklärung. In: Geschichtliche Grundbegriffe. Historisches Lexikon zur politisch-sozialen Sprache in Deutschland. Hrsg. v. Otto Brunner, Werner Conze und Reinhart Koselleck. Band 1. Stuttgart 1973, S. 243–342.

Sturm und Drang

- Bödeker, E. H. u. a. (Hrsg.): Über den Prozess der Aufklärung in Deutschland im 18. Jahrhundert. Personen, Institutionen, Medien. Göttingen 1987.
- Hinck, Walter (Hrsg.): Sturm und Drang. Ein literaturwissenschaftliches Studienbuch. Frankfurt a. M. 1978.
- Luserke, Matthias: Sturm und Drang. Autoren – Texte – Themen. Stuttgart 1997.

c) Gesamtdarstellungen der Epoche und Aufsatzsammlungen

- Barner, Wilfried u. a. (Hrsg.): Lessing. Epoche – Werk – Wirkung. München 1975.
- Deutsche Literatur von Frauen, Band 1: Vom Mittelalter bis zum Ende des 18. Jahrhunderts. Hrsg. von Gisela Brinker-Gabler. München 1988.
- Geschichte der deutschen Literatur von den Anfängen bis zur Gegenwart, Band 6: Aufklärung, Sturm und Drang, frühe Klassik. Hrsg. von Sven Aage Jørgensen. München 1990.
- Hinck, Walter: Europäische Aufklärung I. Frankfurt a. M. 1974.
- Hyssen, Andreas: Drama des Sturm und Drang. Kommentar zu einer Epoche. München 1980.
- Jacobs, Jürgen: Prosa der Aufklärung. Moralische Wochenschriften, Autobiografie, Satire, Roman, Kommentar zu einer Epoche. München 1976.
- Kaiser, Gerhard: Aufklärung, Empfindsamkeit, Sturm und Drang. München 1976.
- Koopmann, Helmut: Drama der Aufklärung. Kommentar zu einer Epoche. München 1979.
- Martens, Wolfgang (Hrsg.): Leipzig. Aufklärung und Bürgerlichkeit. Heidelberg 1990.
- Meise, Helga: Die Unschuld und die Schrift. Deutsche Frauenromane im 18. Jahrhundert. Helmer, Frankfurt a. M. 1992.
- Möller, Horst: Vernunft und Kritik. Deutsche Aufklärung im 17. und 18. Jahrhundert. Frankfurt a. M. 1986.
- Potthast, Barbara: Die verdrängte Krise. Studien zum „inferioren" deutschen Roman zwischen 1750 und 1770. Hamburg 1997.
- Saße, Günter: Die aufgeklärte Familie. Untersuchungen zu Genese, Funktion und Realitätsbezogenheit des familialen Wertsystems im Drama der Aufklärung. Tübingen 1988.

d) Zur Kulturgeschichte und Philosophie

- Balet, Leo und Ernst Gerhard: Die Verbürgerlichung der deutschen Kunst, Literatur und Musik im 18. Jahrhundert. Hrsg. v. Gert Mattenklott. Frankfurt a. M. 1973 (Erstausgabe 1936).
- Frenzel, Herbert A.: Geschichte des Theaters 1440–1840. München 1979.

- Im Hof, Ulrich: Das gesellige Jahrhundert. Gesellschaft und Gesellschaften im Zeitalter der Aufklärung. München 1982.
- Jamme, Christoph und Gerhard Kurz (Hrsg.): Idealismus und Aufklärung. Kontinuität und Kritik der Aufklärung in Philosophie und Poesie um 1800. Stuttgart 1988.
- Kalmbach, Gabriele: Der Dialog im Spannungsfeld von Schriftlichkeit und Mündlichkeit. Tübingen 1996.
- Košenina, Alexander: Anthropologie und Schauspielkunst. Studien zur „eloquentia corporis" im 18. Jahrhundert. Tübingen 1995.
- Schings, Hans-Jürgen (Hrsg.): Der ganze Mensch. Anthropologie und Literatur im 18. Jahrhundert. Stuttgart 1994.

e) Zur Sozialgeschichte

- Albrecht, Peter und Ernst Hinrichs (Hrsg.): Das niedere Schulwesen im Übergang vom 18. zum 19. Jahrhundert. Tübingen 1995.
- Barth, Ilse-Marie: Literarisches Weimar. Kultur, Literatur, Sozialstruktur im 16.–20. Jahrhundert. Stuttgart 1971.
- Becker-Cantarino, Barbara: Der lange Weg zur Mündigkeit. Frau und Literatur (1500–1800). Stuttgart 1987.
- Bruford, Walter Horace: Die gesellschaftlichen Grundlagen der Goethezeit. 2. A. Frankfurt a. M. 1975.
- van Dülmen, Richard: Die Gesellschaft der Aufklärer. Zur bürgerlichen Emanzipation und aufklärerischen Kultur in Deutschland. Frankfurt a. M. 1986.
- Hauser, Arnold: Sozialgeschichte der Kunst und Literatur. München 1969.
- Jäger, Hans-Wolf (Hrsg.): „Öffentlichkeit" im 18. Jahrhundert. Göttingen 2001.
- Kiesel, Helmuth und Paul Münch: Gesellschaft und Literatur im 18. Jahrhundert. Voraussetzungen und Entstehung des literarischen Markts in Deutschland. München 1977.
- Kopitzsch, Franklin (Hrsg.): Aufklärung, Absolutismus und Bürgertum in Deutschland. Zwölf Aufsätze. München 1976.
- Lutz, Bernd: Deutsches Bürgertum und literarische Intelligenz. 1750–1800. Stuttgart 1974.

Register der Autoren und Werke

(Die in der Datentafel S. 122–126 genannten Namen sind hier nicht erfasst.)